Gert Höhne

Gute Verkäufer wissen, was sie sagen!

Gert Höhne

Gute Verkäufer wissen, was sie sagen!

Sie lassen ihre Kunden systematisch kaufen

Trainerverlag

Impressum / Imprint
Bibliografische Information der Deutschen Nationalbibliothek: Die Deutsche Nationalbibliothek verzeichnet diese Publikation in der Deutschen Nationalbibliografie; detaillierte bibliografische Daten sind im Internet über http://dnb.d-nb.de abrufbar.

Bibliographic information published by the Deutsche Nationalbibliothek: The Deutsche Nationalbibliothek lists this publication in the Deutsche Nationalbibliografie; detailed bibliographic data are available in the Internet at http://dnb.d-nb.de.

Coverbild / Cover image: www.ingimage.com

Verlag / Publisher:
Der Trainerverlag
ist ein Imprint der / is a trademark of
OmniScriptum GmbH & Co. KG
Heinrich-Böcking-Str. 6-8, 66121 Saarbrücken, Deutschland / Germany
Email: info@verlag-trainer.de

Herstellung: siehe letzte Seite /
Printed at: see last page
ISBN: 978-3-8417-5094-5

Gute Verkäufer wissen, was sie sagen!

Sie lassen ihre Kunden systematisch kaufen.

Inhalt

Vorwort

Es wird zunehmend immer schwieriger sich vom Wettbewerb abzuheben. Die Alleinstellungsmerkmale von Dienstleistungen und Produkten sind heute kaum noch zu unterscheiden und Heerscharen von Verkäufern wetteifern täglich um dieselben Kunden. Neben einem immer schärfer werdenden Wettbewerb und den rasanten Entwicklungen in der Informations – und Kommunikationstechnologie sind hier auch die Verhaltensänderungen der Kunden mitentscheidend.
Die Kunden von heute stellen deutlich höhere Ansprüche. Sie können es sich auch leisten, denn der Wettbewerb ist in allen Märkten nahezu riesengroß.
Worin unterscheiden sich die heutigen Kunden von früher?
Noch vor einiger Zeit waren Kunden mit einer guten Qualität für ein angemessenes Preis – Leistungsverhältnis zufrieden gewesen.
Sie ließen sich von der Wortgewandtheit, der Zuvorkommenheit des Verkäufers und seinem Geschick, mit Menschen umgehen zu können beeinflussen.

Die Kunden von heute:

- erwarten und fordern viel mehr.
- sind besser informiert und meinen, sich auszukennen.
- stellen höhere Ansprühe und sind selbstbewusster.
- verlangen mehr denn je perfekte Qualität.
- wollen oder müssen mehr mit weniger erreichen.

Sie können es sich auch leisten, denn überall warten mehr und bessere Mitbewerber, die noch billiger und schneller sind.

Sprachlicher Hinweis

Im vorliegenden Text erfolgt zugunsten der besseren Lesbarkeit keine explizite Differenzierung zwischen der jeweiligen männlichen und weiblichen Form.

Es sind natürlich stets auch Gesprächspartnerinnen, Kundinnen, Leserinnen und Verkäuferinnen gemeint.

Gert Höhne
Mein Training wirkt!
Tel.: +493038107600
Mobil: +4915771338604
www.meintrainingwirkt.de
info@meintrainingwirkt.de

Einleitung

Die Ursachen für zu geringe Abschlussquoten und enttäuschte Verkäufer liegen meist im Verkaufsgespräch selbst und im Ablauf des Verkaufsprozesses.

Mir ist in all den Jahren, in denen ich verkaufe und Verkäufer trainiere aufgefallen, dass während der Gespräche immer wieder die gleichen Vor – und Einwände aufzukommen scheinen!

Lediglich wie man Vor – und Einwände voneinander unterscheidet und richtig meistert wird sehr unterschiedlich gehandhabt. Es besteht eine sehr enge Beziehung zwischen dem Maß an der Vorbereitung auf diese Vor – und Einwände und der Selbstsicherheit der Verkäufer!

Deshalb ist mein erstes Schwerpunktthema, wie man in einer angenehmen Atmosphäre den Standpunkt des Kunden gegebenenfalls ändern kann oder an dieser Stelle bereits deutlich die üblichen Zeit – und Reibungsverluste systematisch reduziert!

Mein zweites Schwerpunktthema ist die Bedarfsermittlung. Wenn Verkäufer Produkte präsentieren, versuchen sie den Kunden dazu zu „bewegen“, gerade das zu wollen, was sie ihm anbieten können. Damit treffen sie selten den Punkt, der den Kunden wirklich „bewegt“! Gute Verkäufer finden alles heraus, was für einen reibungslosen Abschluss nötig ist und gehen dabei auch aufrichtig mit den Nachteilen der Dienstleistung oder des Produkts um. Sie haben eine Dienstleistung oder ein Produkt und verbringen ihre Zeit mit dem Verkaufen von Lösungen!

Das erfordert die Vorbereitung zielgerichteter Fragen und aufmerksames und aktives Zuhören! Werden die Vorwände professionell gemeistert und der Bedarf mit den richtigen Fragen erarbeitet, dann läuft das Gespräch meist ohne den Aufbau von Barrieren und Spannungen ab.

Andernfalls kommen Verkäufer in ihren Gesprächen ohnehin nicht viel weiter! Sie bekommen meist die typischen Reaktionen, wie:
„Kein Bedarf!“, „Kein Interesse!“, „Schicken Sie mir Unterlagen!“ usw. und verschwenden ihre wertvolle Verkaufszeit mit Präsentationen an Nichtkäufer.

Sie kennen vielleicht die Geschichte von den beiden Verkäufern, die sich abends im Büro treffen.
Der Eine sagt: „Man, ich hatte heute wieder eine Menge guter Verkaufsgespräche.“
Der Andere antwortet: „Mir ging es ganz genauso. Ich habe auch nichts verkauft!“

Diese Gespräche finden so oder in vergleichbarer Form tagtäglich statt und führen konsequenterweise letzten Endes zur Resignation bei den meisten Verkäufern.

Von den Verkäufern, die theoretisch wissen, was wie funktioniert und trotzdem nicht die gewünschten Erfolge und Umsätze erzielen gibt es bereits mehr als genug. Das können diese Verkäufer ein für alle Mal ändern, denn der erfolgreiche Verkauf ist grundsätzlich und in erster Linie von einem selbst abhängig.

Damit Sie auch den größtmöglichen Nutzen aus diesem Buch ziehen, müssen Sie den brennenden Wunsch nach Veränderung haben und gleichermaßen den konsequenten Willen zur Umsetzung mitbringen.
Wenn Sie nach dem Lesen zu sich sagen: ein tolles Buch mit vielen guten Ansätzen und Ideen – und dann nichts davon in der Praxis umsetzen, dann haben Sie nur Ihre Zeit verschwendet.
Fangen Sie deshalb einfach an und probieren Sie bei jeder Gelegenheit in der Praxis das aus, was aus den einzelnen Kapiteln zu Ihnen und Ihrer Persönlichkeit passt!

Optimieren Sie einfach Schritt für Schritt Ihre bisherigen Methoden.

Führen Sie ein Lerntagebuch! Analysieren Sie jedes Gespräch, lernen Sie konsequent aus Ihren Fehlern und entwickeln Sie dann daraus ganz einfach Ihren persönlichen Leitfaden für Ihren Verkaufserfolg. Dadurch gewinnen Ihre Verkaufsaktivitäten weit mehr Effizienz. Dazu werden Sie hier Schritt für Schritt in den folgenden Kapiteln für jedes Verkaufsgespräch einfache und bewährte Methoden kennenlernen, mit denen Sie:

- die richtigen Fragen stellen, um Interessenten von Kunden zu unterscheiden,
- den konkreten Bedarf des potenziellen Kunden feststellen,
- den Nutzen des potenziellen Kunden erkennen und den Ihrer Dienstleistungen oder Ihrer Produkte in wirkungsvoller Weise vermitteln,
- Ihre kostbare Verkaufszeit zukünftig nur in Kunden investieren, die Ihre Dienstleistungen oder Ihre Produkte brauchen und sie sich auch leisten können,
- die beiderseitigen Bedingungen der Zusammenarbeit abstimmen und
- die üblichen Zeit – und Reibungsverluste bei der Akquise und im Verkauf deutlich reduzieren können.

Lassen Sie dem Lesen unmittelbar Taten folgen und setzen Sie das in der Praxis um, was Sie hier erfahren und für sich mitgenommen haben. Dann beginnt vielleicht auch eine einzigartige Entwicklung in Ihrem Verkäuferleben.

Herausforderungen

Der Markt trennt zusehends die Spreu vom Weizen. Die schlechten Verkäufer werden konsequent aussortiert. Mittelfristig werden nur die Verkäufer erfolgreich sein, die in der Lage sind, Kunden in geeigneter Weise zu qualifizieren, und die üblichen Zeit – und Reibungsverluste rigoros zu reduzieren.

Das bedeutet, sie investieren ihre wertvolle Verkaufszeit nur in Kunden, die haben wollen, was der Verkäufer anbietet, es wirklich brauchen und ungleich wichtiger, es auch bezahlen können! Der Schlüssel für zukünftige Verkaufserfolge liegt im richtigen Umgang mit den Kunden und im Verhalten als Verkäufer. Die Einstellung und die Gewohnheiten spielen hierbei zusätzlich eine gravierende Rolle!

Um den hohen Herausforderungen im Verkauf zukünftig gerecht zu werden, ist die Änderung des Blickwinkels und der ungünstigen Denk – und Verhaltensmuster unabdingbar.

Einer der effektivsten Wege, um Ihre Verkaufserfolge zu verbessern, ist zu verstehen, was Sie bisher an Ihrem Erfolg oder Ihrem Wachstum hindert und wie Sie diese Hinderungsgründe idealerweise auslöschen können.

Nach wie vor verschickt z.B. die Mehrheit der Verkäufer Angebote, ohne den tatsächlichen Bedarf des Kunden festgestellt zu haben, und ohne sein konkretes Budget für das Angebot zu kennen.

Des Weiteren präsentiert die Mehrheit der Verkäufer Dienstleistungen oder Produkte, ohne den tatsächlichen Bedarf des Kunden zu kennen.

Die Umsetzung einer grundlegend anderen Handlungsweise ist einer der zentralen Punkte, der gute Verkäufer von denen unterscheidet, die kaum zurande kommen. Alles nur eine Frage der Einstellung, des Verhaltens und der Gewohnheit?

Einstellung – Erwartung – Zustand – Verhalten = Resultate

Der fundamentale Unterschied zwischen Pessimisten und Optimisten liegt in der eigenen Einstellung. Für die Resultate eines Verkaufsgesprächs sind die jeweiligen Erwartungen von entscheidender Bedeutung. Es erfüllt sich das, bei entsprechendem Verhalten und Handeln, was wir erwarten.

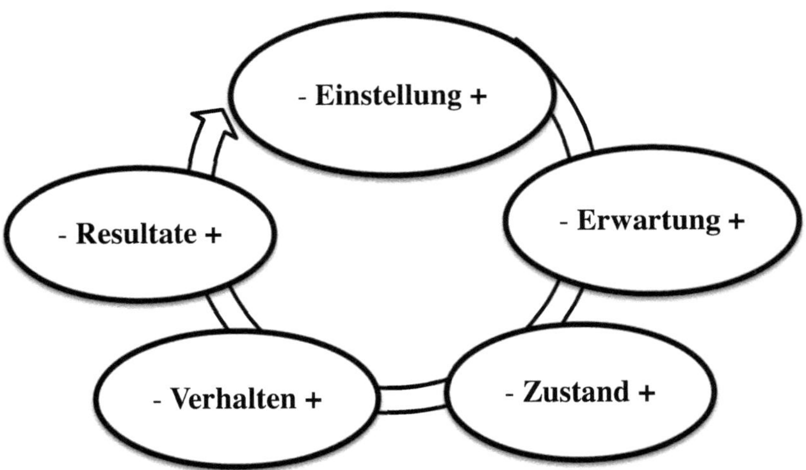

Dieses Phänomen nennt man in der Psychologie "Selbsterfüllende Prophezeiung". Pessimisten neigen bei Misserfolgen zu den Aussagen: „Ich bin kein Verkäufer – das Produkt ist nicht gut – die Kunden sind an meinem Angebot nicht interessiert – ich habe einfach keinen Erfolg.“

Die Optimisten analysieren ihre Gespräche, haken sie danach ab und sagen sich: „Beim nächsten Gespräch habe ich mehr Erfolg.“ Sie bleiben stets zuversichtlich. Für sie sind Misserfolge ein Ansporn, besser zu werden.

Die Macht der Gewohnheit

Der Mensch ist ein Gewohnheitstier und entwickelt durch ständige Wiederholungen bestimmte Denk – und Verhaltensmuster. Weit über die Hälfte unserer alltäglichen Prozessabläufe ist vom Gehirn automatisiert. Sie laufen gewohnheitsmäßig und unbewusst ab. Gewohnheiten machen Menschen zu dem, was sie sind. Sie können unser größter Freund und auch unser größter Feind sein!

Erinnerungen, Erfahrungen und konditionierte Verhaltensmuster zu durchbrechen und dauerhafte Veränderungen einzuleiten, ist eins der schwierigsten Dinge im Leben. Die größte Herausforderung besteht darin, die schlechten Gewohnheiten zu ändern.

Warum kann man sich aus eingefahrenen Denk – und Verhaltensmustern nur so schwer befreien?
Das Gehirn unterteilt nicht in gute oder schlechte Gewohnheiten. Wenn man das, was man braucht nicht bekommen kann, nimmt man das, was man stattdessen kriegen kann. Wenn das passiert, geht im Gehirn das Belohnungssystem an und speichert diesen kurzfristigen Wohlfühlmoment.

Eine gute Gewohnheit neu zu entwickeln ist deshalb ein kontinuierlicher Prozess und erfordert Disziplin und Durchhaltevermögen. Sie schaffen das, wenn Sie für eine gewisse Zeit genau das tun, was Sie für richtig halten und Sie daraus auch neue Verhaltensmuster entwickeln wollen.

Halten Sie sich Ihre Gewohnheiten vor Augen und fragen Sie sich:

- Wie fühle ich mich dabei, wenn ich meiner schlechten Gewohnheit nachgehe?

  ___

  ___

  ___

- Was ist das Ergebnis, wenn ich ihr weiter nachgebe?

  ___

  ___

  ___

- Warum will ich sie aufgeben?

  ___

  ___

  ___

- Welche gute Gewohnheit will ich neu entwickeln?

  ___

  ___

  ___

- Wie kann ich sie entwickeln?

  ___

  ___

  ___

- Was ist dafür nötig?

  ____

  ____

  ____

- Was muss ich tun, was muss ich lassen?

  ____

  ____

  ____

- Was hält mich bisher davon ab?

  ____

  ____

  ____

- Was gewinne ich dadurch?

  ____

  ____

  ____

Die Inhalte des Buches verbessern nicht unmittelbar die Verkaufserfolge, weil die Änderung einer langjährig praktizierten Verkaufsmethode zwangsläufig eine andere Denk – und Vorgehensweise erfordert.
Am Anfang bleibt der erwartete Erfolg zunächst aus und unser Gehirn beurteilt deshalb die neue Vorgehensweise zuerst einmal skeptisch oder als falsch. Dadurch fallen wir zurück in die gewohnten und ungeeigneten Denk – und Verhaltensmuster.

Nur mit regelmäßigem Training lernt unser Gehirn, die Veränderung als richtig zu akzeptieren und das bisherige Verhalten als falsch anzusehen.
Das erfordert erfahrungsgemäß sehr viel Ausdauer und konsequente Übung. Es wird nur besser werden, wenn Sie die Entscheidung treffen, es auch besser zu machen und entsprechend handeln. Das ist auch eine reine Gewohnheitssache!

Erst verstehen – danach verstanden werden!

Die am besten bezahlteste Fähigkeit ist die Fähigkeit, effizient mit Menschen kommunizieren zu können. Die erfolgreichsten Verkäufer sind darin Meister.

Sie können diese Fähigkeit genauso gut erlernen oder Ihre bisherige Art der Kommunikation entsprechend verfeinern!

Je mehr Sie über Ihre Kommunikation und deren Wirkungsweise lernen, desto besser, einfacher und schneller werden Sie Ihre Ziele in Ihren Gesprächen erreichen.

Grundlagen der Kommunikation

Der Ursprung vieler Missverständnisse ist vermeidbar.
Es sind meist Fehlinterpretationen, Kommunikationsfehler und Spekulationen auf Seiten der Verkäufer. Hier spielen die verbale und die nonverbale Kommunikation, die Wahrnehmung, die Kommunikationswirkung und die Informationsverarbeitung eine existenzielle Rolle.

Verbale Kommunikation

Das Wort Kommunikation stammt vom lateinischen Wort "communicatio" ab. Es bedeutet "mitteilen", "teilen", "gemeinschaftlich machen". Wenn wir also mit jemandem kommunizieren, dann teilen wir ihm etwas mit. Der Austausch und die Übertragung des gesprochenen Wortes oder einer Botschaft und die Verständigung untereinander werden als verbale Kommunikation bezeichnet.
Die wichtigsten Faktoren in der verbalen Kommunikation sind:

- Freundlichkeit ist eine Sprache, die Taube hören und Blinde sehen können. (Mark Twain, US – amerikanischer Schriftsteller. * 30. November 1835 – † 21. April 1910)

  Sie schafft ohne Mehraufwand Sympathie und wirkt unmittelbar.
- Höflichkeit

  Im Gegensatz zur Freundlichkeit wird die Höflichkeit vom Umgang miteinander, dem Respekt und der Wertschätzung zum Ausdruck gebracht. Sie lässt auch Rückschlüsse auf die Persönlichkeit des Gesprächspartners zu.
- Geschwindigkeit

  Menschen empfinden es z.B. als angenehm, wenn ihr Gesprächspartner in derselben Geschwindigkeit spricht wie sie selbst. Man sollte also weder zu schnell noch zu langsam sprechen.
- Lautstärke – Modulation

  Mit der Variation der Lautstärke können Sie besondere Aspekte betonen und dadurch ganz gezielt hervorheben.
- Stimme – Klang

  Der Stimmklang sagt viel über das Befinden, die Haltung und die Stimmung des Gesprächspartners aus.
- Dialekt

  In Deutschland gibt es zahlreiche Dialekte und so große Unterschiede, dass es z.B. zwischen den Norddeutschen und den Süddeutschen, bei der Kommunikation in der jeweiligen Mundart, zu Verständigungsschwierigkeiten kommen kann.

- Klarheit

  Es hat es sich bewährt, klar und deutlich in kurzen und vollständigen Sätzen mit guter Modulation zu sprechen und auf:
- Füllwörter: eigentlich, im Prinzip, vielleicht oder eventuell,
- Generalisierungen: alle, immer, jeder, keiner, man oder nie und
- Konjunktive: dürfte, hätte, könnte, wäre oder würde

zu verzichten.
Sie können die Bedeutung einer Aussage unnötig aufweichen oder sie verfälschen.

Unverzichtbar hingegen ist, positiv zu formulieren.
Negative Formulierungen sind aufgrund von Erfahrungen meist auch mit negativen Gefühlen verknüpft. Diese können so unbewusst ausgelöst werden.
Mit negativen Formulierungen lenken Sie den Blick auf das, was nicht ist, statt auf das, was ist!

1. „Das kann ich Ihnen nicht sagen."
2. „Dafür bin ich nicht zuständig."
3. „Das geht nicht."
4. „Herr Lehmann ist jetzt nicht zu sprechen."
5. „Das klappt heute nicht mehr."
6. „Da haben Sie mich nicht richtig verstanden."
7. „Das ist nicht meine Schuld."
8. „Was spricht dagegen, dass…?"

Gute Verkäufer wissen, was sie sagen!

Kunden wollen von Ihnen wissen, was funktioniert und nicht, was nicht funktioniert. Deshalb erreichen Sie mehr, wenn Sie positiv formulieren.

1. „Ich kümmere mich darum und werde Sie zeitnah zurückrufen."
2. „Der Service hilft Ihnen in dieser Frage gern weiter."
3. „Was halten Sie von folgendem Vorschlag...?"
4. „Sie erreichen Herrn Lehmann heute ab 15:00 Uhr."
5. „Ich erledige das morgen als Erstes."
6. „Ich habe mich falsch ausgedrückt."
7. „Als Lösung empfehle ich Ihnen..."
8. „Es spricht einiges dafür."

Je besser Sie die Aufmerksamkeit auf die Lösung des Problems lenken, desto mehr erfüllen Sie auch Kundenwünsche.

Stellen Sie sich folgende Fragen:

- Hilft mir meine Formulierung weiter?
- Bringt sie das zum Ausdruck, was ich erreichen will?
- Erzeugt sie entsprechende Bilder bei meinem Gesprächspartner?
- Erhöht sie sein Wohlbefinden?

Wie man etwas sagt, ist maßgeblich entscheidend dafür, was beim Gesprächspartner ankommt und wie er sich dabei fühlt. Der Ton macht die Musik und die Stimme macht Stimmung.

Sie ersetzt die Körpersprache, erzeugt bei unserem Gesprächspartner durch die Sprechweise ein bestimmtes Bild und entscheidet mit darüber, wie wir wirken. Obwohl wir den Gesprächspartner z.B. am Telefon nicht sehen können, bekommen wir sehr schnell mit, in welcher Stimmung der Angerufene ist und wie er sich fühlt. Wer traurig ist, der hört sich auch traurig an, wenn er spricht. Wer fröhlich ist, klingt auch so und wer wütend ist, der hört sich auch dementsprechend an.
Auf der anderen Seite bekommt Ihr Gesprächspartner natürlich auch mit, in welcher Stimmung Sie sich gerade befinden.
Was man sagt spielt eher eine untergeordnete Rolle. Was der Gesprächspartner hört, muss nicht dem entsprechen, was Sie tatsächlich gesagt haben. Er hört nur das, was in seine Vorstellungen passt. Was Sie sagen, kann anders ankommen, als Sie glauben und was Sie hören kann auch anders gemeint sein!

Ohne Worte – nonverbale Kommunikation

Wissenschaftler bezeichnen die nonverbale Kommunikation als Austausch von Nachrichten in allen möglichen Formen, welche keine Worte, weder über die Lautsprache noch über die Gebärdensprache oder die Schriftsprache verwenden.
Die nonverbale Kommunikation wird oft verkürzt auch als Körpersprache bezeichnet. Sie ist allerdings nur ein Teil der nonverbalen Kommunikation. Dabei werden die nonverbalen Signale ausschließlich durch den Körper mitgeteilt.
Die wichtigsten Faktoren in der nonverbalen Kommunikation sind:

- Augenkontakt – Gestik – Mimik – Lächeln
  Unser Gesicht spricht Bände und unsere Augen sprechen ihre eigene Sprache. Blicke können Begeisterung und Zustimmung ausstrahlen, oder auch fragend und ablehnend wirken. Der Volksmund kennt sogar Blicke, die töten könnten. Ein natürliches Lächeln erzeugt in der Regel Sympathie.

- Körperhaltung
  Eine aufrechte und straffe Körperhaltung symbolisiert Dynamik und Kompetenz. Sie strahlt Entschiedenheit und Selbstbewusstsein aus.
- Duft – Geruch
  Düfte und Gerüche wirken auf den Hippocampus und rufen unbewusst entsprechende Assoziationen und Gefühle hervor. So wird z.B. Mundgeruch in der Regel Abneigung und wohldosiertes Parfüm eher Wohlwollen erzeugen.
- Optik
  Sie beginnt bei der Person z.B. mit der Frisur, der Rasur, der Kleidung, den Schuhen, der Uhr, dem Schmuck und kann sich über die Büroeinrichtung, den Pflegezustand des Autos und der Qualität der Arbeitsunterlagen fortsetzen. Der erste Eindruck zählt. Dabei hat die Optik einen weitreichenden Anteil. Sie kann unmittelbar Sympathie bewirken oder Ablehnung hervorrufen.

Sender und Empfänger

Das bekannteste Modell von Prof. Dr. Friedemann Schulz von Thun, Psychologe, Kommunikationswissenschaftler und Ehrendoktor der Universität St. Gallen, ist das "Vier – Ohren – Modell".

In diesem Modell steht im Blickpunkt, was jemand von sich gibt bzw. wie das beim anderen ankommt.

Man geht grundsätzlich von einem Sender und einem Empfänger aus:

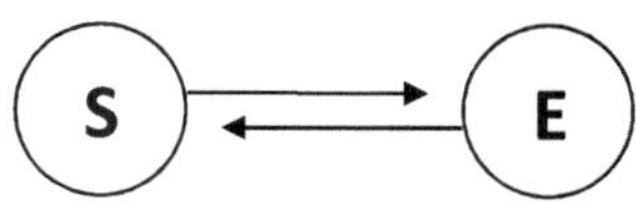

Der Sender übermittelt auf vier Ebenen Inhalte an den Empfänger:

1. Sachinhalt: enthält Informationen über die mitzuteilenden Dinge und Vorgänge.
2. Selbstkundgabe: durch sie teilt der Sender etwas über sich selbst mit, z.B. seine Befindlichkeiten.
3. Beziehungsinhalt: der Sender gibt zu erkennen, wie er zum Empfänger steht, was er von ihm hält und wie er die Beziehung zwischen sich und ihm definiert.
4. Appell: ist der Versuch in bestimmter Richtung Einfluss nehmen zu wollen, die Aufforderung, in bestimmter Weise zu denken, zu fühlen oder zu handeln.
Entsprechend der vier Seiten einer Äußerung verfügt der Empfänger über „vier Ohren", die darüber entscheiden, wie das Gesagte nun bei ihm ankommt:
1. Sach – Ohr: hiermit versucht er den sachlichen Informationsgehalt zu verstehen.
2. Selbstkundgabe – Ohr: hierdurch versucht er zu diagnostizieren: Was geht in dem Sender vor, welche Gefühle und Motive sind mit seiner Äußerung verbunden?
3. Beziehungs – Ohr: damit nimmt er auf, was der Sender von ihm zu halten scheint. Er fühlt sich dementsprechend behandelt, gerügt, beschämt oder auch beschuldigt.
4. Appell – Ohr: hiermit hört er die Aufforderung heraus, die er an sich gerichtet spürt. Dieses Ohr ist besonders empfänglich für den „Druck", der sich mit der Äußerung verbindet oder unter den sich der Empfänger gesetzt fühlen kann.

Prof. Dr. Schulz von Thun hat mit seinem Satz „Die Ampel ist grün." die möglichen Auswirkungen beispielhaft beschrieben.
Der Mann auf dem Beifahrersitz sagt zu seiner autofahrenden Frau:
„Die Ampel ist grün.“ (Sachinhalt)
Dieser Satz enthält nicht nur den Sachinhalt (Äußerung), sondern teilt auf diesen Ebenen möglicherweise verschiedene Botschaften mit, die nicht identisch sein müssen:
„Gib Gas!" (Appell)
„Ich habe es eilig." (Selbstkundgabe)
„Ich fahre besser Auto als Du." (Beziehungsbotschaft)

Es wird davon ausgegangen, dass neben dem, was explizit geäußert wird, auch immer auf den vier Ebenen implizit gesendet wird. Dadurch können leicht Missverständnisse entstehen. Es ist entscheidend, wie das Gesagte bei Ihrem Gesprächspartner ankommt und was Sie mit Ihrer Äußerung bewirken. Werden Sie sich dessen bewusst, dass richtig gute Kommunikation immer eine wechselseitige Sache ist.

Die Sprache der Sinne – Die Repräsentationssysteme im Einzelnen:

- **Sehen** (visuell)

Visuell dominierte Menschen sprechen und sehen die Welt vor allem in Bildern. Sie beschreiben in Metaphern, wie die Dinge für sie aussehen.
Visuelle Wörter:
Vorstellung, Perspektive, Horizont, Ausblick, Illusion, Gedankenblitz, Blickwinkel, Fokus, Darstellung, Vision, veranschaulichen, visualisieren, reflektieren, beobachten, durchblicken, transparent, ansehnlich, skizzenhaft, scheinbar, offensichtlich, enthüllen, klarmachen und sonnenklar.

Visuelle Redewendungen:

Werfen Sie einen Blick drüber!

Wie sieht es für Sie aus?

Das ist eine großartige Perspektive.

Verschaffen Sie sich ein eigenes Bild.

Nehmen Sie mein Angebot unter die Lupe!

Das bringt Licht in die Angelegenheit.

Bildlich gesprochen, bedeutet das…

Was Sie sagen passt genau ins Bild.

Das ist eine Augenweide.

Das macht Ihr Leben bunter.

- **Hören** (auditiv)

Menschen, die eher auditiv dominiert sind, sagen z.B.: „Das hört sich vernünftig an.“, „Ich verstehe, was Sie sagen.“ oder „Da hat es bei mir Klick gemacht.“

Auditive Wörter:

Geräusch, Klang, Aussage, Antwort, Wort, Stichwort, Stimme, Rhythmus, betonen, verkünden, nachfragen, ankündigen, einstimmen, mitteilen, verständlich, sprachlos, mündlich, monoton und bemerken.

Auditive Redewendungen:

Wie hört sich das für Sie an?

Wie klingt das?

Wollen Sie mehr darüber hören?

Das klingt alles noch spanisch.

Es klingt vernünftig.

Das ist Musik in meinen Ohren.

Wort für Wort.

Ich bin ganz Ohr.

Ich muss noch andere Stimmen dazu hören.

Wir sind auf der gleichen Wellenlänge.

- **Spüren** (kinästhetisch)

Kinästhetisch orientierte Menschen müssen für die Dinge ein Gefühl bekommen.

Kinästhetische Wörter:

Druck, Standpunkt, Kontakt, Berührung, Spannung, Stress, annehmen, in Anspruch nehmen, entgegenstehen, zusammenkommen, solide, kompakt, passend und greifbar.

Kinästhetische Redewendungen:

Vielleicht sind Sie hin – und hergerissen?

Dafür lege ich meine Hand ins Feuer.

Das funktioniert reibungslos!

Das geht unter die Haut.

So bekommen Sie das Problem in den Griff.

Lassen Sie mich das festhalten.

Drehen Sie den Spieß einfach um!

Das begreife ich.

Sie sind ein harter Bursche.

Das ist eine feste Grundlage.

- **Riechen** (olfaktorisch) und
- **Schmecken** (gustatorisch)

Olfaktorische / gustatorische Wörter:

Geschmack, Geruch, Würze, geschmackvoll, bitter, sauer und frisch.

Olfaktorische / gustatorische Redewendungen:

Das hat einen unangenehmen Beigeschmack.

Sind Sie auf den Geschmack gekommen?

Das riecht nach einer Überraschung.

Das stinkt mich an!

Das ist allererste Sahne!

Haben Sie Lunte gerochen?

Wahrnehmung

Unsere Wahrnehmung ist immer aktiv, selektiv und stimmungsabhängig. Laut einer Studie der Universität Heidelberg strömen pro Sekunde mehr als 11 Millionen Bits von unseren fünf Sinnen zum Zentralnervensystem.

Das Auge sendet davon 10 Millionen Bits an das Gehirn, die Haut 1 Million, das Ohr 100.000 und der Geschmackssinn 1.000 Bits.

Unser bewusster Verstand kann pro Sekunde allerdings nur höchstens 40 Bits verarbeiten! Das ist 1/280.000.

Wenn alle zur Verfügung stehenden Informationen so groß sind wie ein Fußballfeld, dann nehmen wir davon nur eine Fläche von der Größe einer Streichholzschachtel bewusst wahr.

Hier entsteht bereits eine erhebliche Differenz zwischen gesendeter und empfangener Botschaft, die der Sender beim Empfänger gar nicht erst loswird!

Das, was ankommt wird u.a. durch Ängste, Bedürfnisse, Wünsche und Zustand gefiltert. Dann erfolgt die Bewertung des Wahrgenommenen aufgrund von Erfahrungen, Normen, Werten und Vorurteilen. Daraus wird eine eigene, neue Realität kreiert. Die sich daraus entwickelnden Gefühle bewirken einen Handlungsauslöser, der dann aus den verschiedenen Wahlmöglichkeiten, wie z.B. Freude, Begeisterung und Neugier oder Angst, Ablehnung und Widerstand eine Auswahl trifft.

Kommunikationswirkung

Der US – amerikanische Professor für Psychologie Albert Mehrabian wurde 1971 durch seine 7% – 38% – 55% – Regel außerhalb der wissenschaftlichen Psychologie zur Bedeutung nonverbaler Elemente in der menschlichen Kommunikation bekannt. In zwei Studien von 1967, an denen Professor Mehrabian beteiligt war, wurde untersucht, wie Menschen bei Widersprüchen zwischen gesprochenem Wort und der Stimme bzw. der Stimme und der Mimik eine Aussage zuordnen. 1971 bestimmte Mehrabian daraus das relative Wirkungsverhältnis der drei Komponenten:

Demnach wirken weit mehr als die Hälfte der Kommunikation nonverbal. Diese Grundaussage unterstreicht, wie wichtig die nonverbale Kommunikation für Ihren Gesprächserfolg ist.

Der Mund spricht, der Körper widerspricht!

Wenn die Sprache nicht stimmt, dann ist das, was gesagt wird, nicht das, was gemeint ist. So kommen keine guten Werke zustande. Also dulde man keine Willkür in den Worten. (Konfuzius, chinesischer Philosoph, 551 – 479 v. Chr.)

Wenn Sie nun begeistert von Ihrem Angebot oder Ihrem Produkt sprechen und Ihr Körper dabei kontinuierlich mehr Selbstzweifel und Unbehagen ausstrahlt als Ihnen lieb sein kann, spürt Ihr Gesprächspartner diese Abweichung unbewusst. Er wird mehr Ihrer Körpersprache Glauben schenken als Ihren Worten.

Da wir die Wirklichkeit nicht direkt wahrnehmen können, repräsentieren wir sie, indem wir uns innerliche Vorstellungen in den fünf Sinnesrepräsentationen über die Welt bilden und passen sie dann so der Realität unserer eigenen Wirklichkeit an! Aus diesem Grund ist es besonders wichtig, herauszufinden mit welchen der fünf Sinne Kunden Ihre Informationen bevorzugt wahrnehmen, verarbeiten und speichern.

Die Welt in unserem Kopf

Das limbische System ist eine Sammelbezeichnung für eine Funktionseinheit aus Teilen des Großhirns sowie Teilen des Zwischenhirns.
Zum limbischen System gehören u.a. der Hippocampus (lateinisch = Seepferdchen) und die Amygdala (griechisch = Mandelkern).

Im Hippocampus fließen die, über das Sehen, Hören, Schmecken, Riechen und Fühlen aufgenommenen Informationen zusammen und werden in gut und schlecht unterschieden. Nach diesen Kriterien werden die Informationen im Gedächtnis gespeichert.

Die Amygdala spielt eine wichtige Rolle bei der Bildung von Gefühlen, insbesondere von Furcht und Angst und bei der Entscheidungsfindung. Kommt es nun zu einer vergleichbaren emotional negativ besetzten Situation, verarbeitet der Mandelkern diese Impulse und schüttet sofort Angst – und Stresshormone aus. Jeder Bewertung und jeder Handlung geht ein Gefühl voraus und der Mensch reagiert und handelt dementsprechend.

Die Art und Weise Ihrer Präsentation und die der Informationsverarbeitung des potenziellen Kunden haben also maßgeblichen Einfluss darauf, ob und wie er Ihre Informationen wahrnimmt, sich dabei wohlfühlt und ob er bei Ihnen kauft oder nicht kauft. Nur wenn Sie empfängergerecht und kundenorientiert kommunizieren und dadurch alles in sein bevorzugtes System hineinpasst, wird der Kunde es auch auf seine optimale Weise umsetzen können.

Denken Sie daran:

- Ihre Worte und Stimme werden zu Bildern!
- Sie rufen Gefühle hervor!
- Daraus werden Entscheidungen!

Deshalb kommt schon Ihrem Gesprächseinstieg und Ihrer Zielformulierung eine wichtige Bedeutung zu! Finden Sie zu Beginn des Gesprächs einfach heraus, wie der Kunde Ihre Informationen wahrnimmt und verarbeitet, indem Sie ihn danach fragen, ob er etwas über Ihr Angebot oder Ihre Dienstleistung hören möchte oder ob Sie ihm etwas dazu zeigen sollen.

Das Wichtigste zuerst – Vertrauen!

Vertrauen ist der Anfang von allem und richtungsweisend! Das Vertrauen gegenüber Verkäufern ist geschwunden und muss sich zu Beginn des Gesprächs erst einmal erarbeitet werden. Zu oft wurden den Kunden, auf ihre Bedürfnisse und Wünsche zugeschnittene Dienstleistungen oder Produkte versprochen, die in der Realität den versprochenen Anforderungen dann nicht gerecht wurden.
Viele Kunden, die schlechte Erfahrungen mit Verkäufern und ihren Angeboten oder Produkten gemacht haben, sind zunehmend enttäuscht, misstrauisch und entwickeln instinktiv eine ablehnende Haltung gegenüber Verkäufern.
Gute Verkäufer schaffen Vertrauen, indem sie Fragen stellen und selbst wenig reden. Sie sind authentisch, ungekünstelt, machen einen kompetenten Eindruck und wirken glaubwürdig.
Wie Sie sich das Vertrauen verdienen können:

- Sorgen Sie dafür, dass Ihr Gesprächspartner sich wohlfühlt.
- Bleiben Sie dabei etwas Besonderes und seien Sie Sie selbst.
- Vermeiden Sie langweiligen Smalltalk.
- Interessieren Sie sich für den Kunden und erfragen seine Ziele und Wünsche.
- Sehen Sie die Situation des Kunden aus seiner Perspektive.
- Helfen Sie ihm bei der Lösung seiner Probleme.
- Strahlen Sie Begeisterung und Kompetenz aus.
- Halten Sie Ihre Absprachen, Termine und Zusagen ein.

Bleiben Sie diesen Grundsätzen stets treu! Sie lassen dadurch bereits einen Großteil Ihrer Mitbewerber hinter sich.

Storytelling

Geschichten erzählen ist eine der ältesten und bewährtesten Methoden, um Wissen zu vermitteln und zu speichern. Spannend erzählte Geschichten bewirken einfach mehr Aufmerksamkeit, mehr Gefühle als 1.000 gescheite Argumente, machen Ihre Kunden neugierig und können deren Fantasie anregen. Sie produzieren Bilder, bleiben wesentlich leichter und länger im Gedächtnis und werden im Idealfall auch noch weitererzählt. Die Spiegelneuronen, das sind Nervenzellen im Gehirn, bewirken, dass die Kunden das miterleben, was sie vor ihrem geistigen Auge sehen. Verpacken Sie Ihre Dienstleistung oder Ihr Produkt in eine glaubwürdige Geschichte aus Ihrem Verkäuferleben, die entsprechende Bilder und Gefühle bei Ihren Kunden hervorruft. Schmücken Sie also Ihre Geschichte mit Begebenheiten und Informationen aus, die Spannung erzeugen und mit denen sich Ihr Kunde auch identifizieren kann. Malen Sie mit Worten Bilder und nutzen Sie dazu die Sprache der Sinne. Ihr Kunde wird Ihr Angebot, Ihre Dienstleistung oder Ihr Produkt so einfach noch besser verstehen.
Erzählen Sie zukünftig Ihre Geschichte auf diese Art:

- Warum arbeiten Sie gerade für diese Firma?
- Was macht Sie und Ihre Firma so besonders?
- Wie ist die Idee für Ihr Produkt entstanden?
- Wird es auf besondere Art produziert?
- Was unterscheidet Ihr Angebot vom Mitbewerber?
- Seit wann nutzen Kunden Ihre Dienstleistung?
- Wie viele Kunden hat Ihre Firma?
- Welche Referenzkunden gibt es?
- Gibt es eine besondere Kundengeschichte?

Eine gut erzählte Geschichte hilft Ihnen dabei, das Interesse und die Aufmerksamkeit des Kunden zu erhöhen, sein Erinnerungsvermögen zu verstärken und eher eine positive Entscheidung herbeizuführen.
Wenn Sie ganz bewusst an der Formulierung Ihrer Geschichten arbeiten, erhöhen Sie deutlich die Qualität Ihrer Gespräche und werden damit höchstwahrscheinlich auch Ihre Verkaufserfolge erheblich verbessern.

Meine Geschichte:

- ______________________________

Das Eisbergmodell

Spätestens seit dem Untergang der RMS Titanic am 14. April 1912 wissen wir, dass nur ein kleiner Teil eines Eisberges über der Wasseroberfläche zu sehen ist, während der viel größere Teil unter der Wasseroberfläche verborgen bleibt.

Das Eisbergmodell von Sigmund Freud (österreichischer Neurologe, 1856 – 1939) stützt sich auf die allgemeine Theorie, dass das worauf wir in unserem Verhalten in täglichen Situationen bewusst zurückgreifen, gerade einmal 20% dessen ausmacht, was unser Handeln bestimmt.

Das menschliche Bewusstsein ist demzufolge sehr gut zu verstehen, wenn man es mit einem im Meer treibenden Eisberg vergleicht.

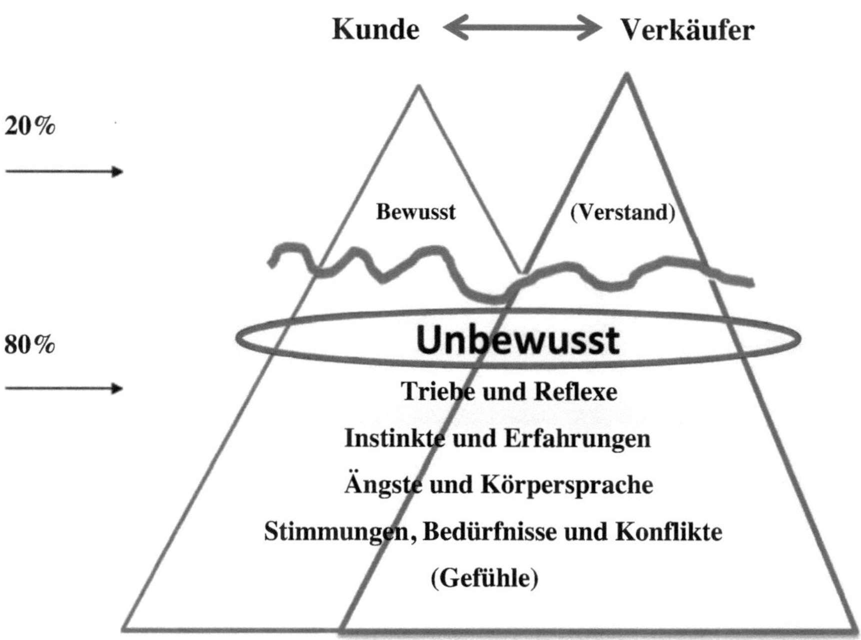

Treffen jetzt zwei „Eisberge“ (Kunde und Verkäufer) aufeinander, so wird bereits innerhalb von Sekundenbruchteilen nach dem Gesprächsbeginn „unter Wasser“ auf der Gefühlsebene der Gesprächsverlauf maßgeblich beeinflusst, während an der „Wasseroberfläche“ gerade einmal die ersten Worte gewechselt werden.

Schon bei der Begrüßung werden sofort die gespeicherten Muster ausgelöst und es entsteht hier Vertrauen und Zustimmung oder Misstrauen und Ablehnung!
Dabei spielt es eine entscheidende Rolle, welche Erfahrungen der Kunde mit Verkäufern in der Vergangenheit gemacht und abgespeichert hat.
Im persönlichen Gespräch entscheidet schon Optik, Geruch, Mimik und Gestik über den weiteren Verlauf.

Meist sind Akquisegespräche negativ abgespeichert, z.B.:

- Verkäufer redet zu viel oder drum herum.
- Verkäufer hört nicht zu.
- Unseriöse Produkte.
- Falscher Zeitpunkt.

Manche Menschen versuchen möglichst die negativen Gefühle zu vermeiden. Sie sagen ihnen, was sie besser lassen sollten.
Die anderen Menschen streben nach positiven Gefühlen. Sie bestärken sie darin, was sie tun sollten.
Geben Sie dem Kunden ein gutes Gefühl und „baden“ Sie Ihr Angebot darin. Dann wird Ihr Produkt oder Ihre Dienstleistung besser gespeichert und bleibt damit nachhaltiger in Erinnerung.

Besser erst fragen und so mehr erreichen!

Um ein gutes Gefühl hervorzurufen, ist es wichtig dem Kunden Fragen zu seinen Bedürfnissen, Erwartungen, Wünschen und Zielen zu stellen. Es zeigt dem Kunden, dass es um ihn geht und dass er verstanden wird. Viele Verkäufer gehen zu selten auf den Kunden ein. Sie stellen ihm einfach ihr Angebot oder ihr Produkt vor und präsentieren es schematisch nach ihren eigenen Auswahlkriterien.

Sie interessieren sich kaum für den Kunden und stellen zu wenig geeignete Fragen zu seinen Bedürfnissen. Zum einen haben sie es so gelernt und zum anderen haben sie Angst vor der Antwort. Deshalb stellen viele Verkäufer einfach Vermutungen an. Das ist der ausschlaggebende Fehler im Verkauf.
Neben den Zielen von Fragen, wie:

- Sympathie erzeugen
- Interesse bekunden
- Informationen sammeln
- Gesprächslenkung
- Bedarf ermitteln
- Entscheidungen herbeiführen
- Zeitgewinn

ist Vertrauen aufbauen das wichtigste Ziel!

Die wichtigsten Fragen im Überblick:

Jetzt geht es darum, lediglich die richtigen Fragen auch richtig zu stellen!

Geschlossene Fragen

Aus den Antworten auf geschlossene Fragen erfahren Sie, z.B.:

- ob Ihr Kunde Sie richtig verstanden hat oder
- ob Sie Ihren Kunden richtig verstanden haben und
- ob er mit dem bisher Gesagten auch einverstanden ist.

Bei Unklarheiten fragen Sie nach und klären die offen gebliebenen Punkte, z.B.:

- „Haben Sie Fragen zu dem bisher Gesagten?"
- „Haben Sie noch weitere Wünsche?"
- „Ist das das einzige Problem?"
- „Sind Sie mit meiner Antwort einverstanden?"
- „Können wir diesen Punkt als erledigt ansehen und uns der nächsten Frage widmen?"
- „Möchten Sie zu diesem Thema wieder angerufen werden?"
- „Bereiten Ihnen die 5.000 EUR schlaflose Nächte?"
- „Sind Ihre Bedenken damit ausgeräumt?"
- „Haben wir die wichtigsten Einzelheiten besprochen?"

Sie erhalten eine Bestätigung oder klären frühzeitig die Unstimmigkeiten.

Dafür eignen sich am besten

Offene Fragen

- „Welche weiteren Informationen brauchen Sie für eine Entscheidung?"
- „Was muss mein Angebot zusätzlich beinhalten?"
- „Wann genau wollen Sie damit beginnen?"
- „Welche Erwartungen haben Sie an mich?"
- „Wie kann ich Ihnen bei der Lösung Ihrer Probleme behilflich sein?"
- „Welche Fragen sind noch offen?"
- „Was ist Ihnen noch wichtig?"
- „Welche Schwerpunkte setzen Sie bei der Auswahl?"
- „In welchem Bereich wollen Sie gern den Umsatz steigern?"

Vorsicht mit: Wieso – , Weshalb – und Warum – Fragen

Durch diese Fragen gerät Ihr Kunde in die Defensive. Es kann leicht bei ihm das Gefühl entstehen, sich bei Ihnen rechtfertigen zu müssen.

Alternativfragen

sind geeignet, um festzustellen, ob Sie auf dem richtigen Weg sind und eine Entscheidung herbeizuführen, falls Ihr Kunde noch unentschlossen ist. Hierfür geben Sie einfach zwei positive Varianten einer Lösung vor.

Die meisten Kunden werden sich auf die Wahl zwischen der Variante 1 und 2 konzentrieren und dabei ignorieren, dass sie auch beide ablehnen können.

Bieten Sie lediglich zwei Alternativen an, z.B.:

- „Bevorzugen Sie das Kompakt – Paket oder eher die Premium – Version?"
  (statt: „Wollen Sie das Kompakt – Paket?")
- „Möchten Sie, dass ich Sie am Dienstag um 14:15 Uhr oder
  am Donnerstag um 10:45 Uhr hierzu anrufe?"
  (statt: „Darf ich Sie noch mal anrufen?")

Informationsfragen

Mit dieser Frageart bekommen Sie leicht Informationen. Solche Fragen beginnen immer mit „wie", „wann", „wo", „wer" oder „wie viel".

- „Wie wollen Sie jetzt weiter verfahren?"
- „Wann wollen Sie mit Ihrer Kampagne beginnen?"
- „Wo kaufen Sie zurzeit Ihre Produkte ein?"
- „Wer entscheidet letztendlich darüber?"
- „Wie viel Budget steht Ihnen hierfür zur Verfügung?"

Suggestivfragen

Mit Suggestivfragen wird versucht, den Kunden im eigenen Sinne zu beeinflussen. Vermeiden Sie diese Frageart. Sie erzeugt Missmut und bewirkt schnell Ablehnung! Typisch für diese Frageart sind Wörter wie „doch", „wohl", „auch", „bestimmt" oder „sicherlich".
Das hört sich dann so an:

- „Sie wissen doch sicherlich auch, dass mein Angebot günstiger ist als alle anderen, oder nicht?"
- „Sie stimmen mir doch bestimmt zu, dass Sie sich der Digitalisierung auch nicht entziehen können, oder?"

Gegenfragen

sind eine Strategie, um Zeit gewinnen zu können. Diese Fragen sind besonders empfehlenswert, wenn Sie die Antwort spontan nicht wissen oder eine provokative Frage zurückgeben möchten. Das funktioniert mithilfe einer geschlossenen oder offenen Frage, wobei Ihnen die offene Frage etwas mehr Bedenkzeit verschafft:

- Frage: „Ist das alles, was Sie mir anbieten?"

Offene Gegenfrage: „Was erwarten Sie konkret?"

Geschlossene Gegenfrage: „Möchten Sie, dass ich Ihnen eine zweite Lösung zeige?"

- Frage: „Sollten wir den Termin nicht verschieben?"

Offene Gegenfrage: „Was veranlasst Sie dazu, dies vorzuschlagen?"

Geschlossene Gegenfrage: „Glauben Sie wirklich, dass das eine gute Lösung ist?"

Die Antworten auf Ihre Gegenfragen verhelfen Ihnen zu weiteren Informationen. Gut geeignet sind diese Fragen, um Angriffe zu entschärfen:

- „Haben Sie sich diese Frage schon einmal selbst gestellt?"
- „Was bezwecken Sie mit dieser Frage?"

  Oder eine Aufforderung:
- „Wiederholen Sie das bitte!"

Sie werden bei Provokationen Ihres Kunden gelegentlich erleben, dass er bei der Aufforderung zur Wiederholung auch schnell einen Rückzieher macht.

Kontrollfragen

Mit Kontrollfragen überprüfen Sie, ob Sie mit Ihrem Kunden noch übereinstimmen.

Diese Fragetechnik ist sehr wichtig. Denn je früher sich herausstellt, dass ein Punkt noch nicht abschließend geklärt ist, umso besser. Ansonsten werden die Ergebnisse nur unbefriedigend ausfallen.

- „Was halten Sie davon?“
- „Was meinen Sie dazu?“
- „Welche Fragen haben Sie hierzu?“

Ihre eigene Wahrnehmung wird dabei auch überprüft!

Zu Bedeutungen und Auswirkungen der Kundenprobleme eignen sich

Implikationsfragen

- „Welche Auswirkung hat der Mindestlohn für Ihr Unternehmen?“
- „Welche Bedeutung hat die zunehmende Digitalisierung für Ihr Geschäft?“
- „Wie stellen Sie sicher, dass Sie Ihrer Konkurrenz auch zukünftig einen Schritt voraus bleiben werden?“
- „Was bedeutet die Zusammenballung im Handel für Ihr Unternehmen?“
- „Wie aktuell ist für Sie das Thema Arbeitnehmer – Entsendegesetz?“
- „Welche Rolle spielt die Frauenquote in Ihrem Unternehmen?“
- „Wie schützen Sie sich gegen Forderungsausfälle?“

Sie vermitteln dadurch Kompetenz, den Eindruck einer guten Vorbereitung und machen das Problem bewusster.

Fokussierende Fragen

Sie kristallisieren die wichtigsten Beweggründe Ihres Kunden heraus und bringen sie genau auf den Punkt:

- „Können Sie mir bitte ein Beispiel dafür nennen, was in diesem Fall für Sie die **größte** Herausforderung darstellt?"
- „Was bereitet Ihnen bei Ihrer Entscheidung **am meisten** Kopfschmerzen?"
- „Welcher Aspekt spielt die **wichtigste** Rolle?"
- „Stellt mein Angebot in Ihren Augen die **beste** Lösung dar?"
- „Worauf legen Sie bei unserer Zusammenarbeit den **höchsten** Wert?"
- „Was muss unbedingt **zuallererst** gelöst werden?"
- „Wie hoch ist Ihr **maximales** Budget dafür?"
- „Was ist die **geeignetste** Alternative?"

Emotionalisierende Fragen

Die Ergebnisse der modernen Hirnforschung beweisen: Menschen kaufen keine Produkte, sondern Lösungen und gute Gefühle. Kunden nehmen Ihr Angebot deshalb besonders intensiv wahr, wenn Sie sie auch auf der Gefühlsebene ansprechen.

So erfahren Sie etwas über die Gefühle des Kunden:

- „Frau Lehmann, was sagt Ihr Bauchgefühl dazu?"
- „Was für ein Gefühl löst es bei Ihnen aus, wenn Sie das sehen?"

Stellen Sie immer nur eine Frage! Geben Sie dem Kunden mindestens drei Sekunden Bedenkzeit für seine Antwort und warten Sie sie unbedingt ab, bevor Sie die nächste Frage stellen.
Drei Sekunden sind eine neurologische Konstante, um die neuen Informationen aufzunehmen, sie zu verarbeiten und sie mit vorhandenen abzugleichen.

Ihr Kunde braucht biologisch bedingt diese Zeit zum Nachdenken, um Ihre Botschaft in Bilder und Gefühle zu synchronisieren, und sich für eine Antwort zu entscheiden. Wenn Sie also Ihrem Kunden weniger als drei Sekunden Zeit zum Antworten einräumen, dann erhalten Sie wahrscheinlich ungenaue Antworten.

Hören Sie sich die Antwort auch geduldig bis zum Ende an. Schweigen Sie ganz bewusst, gerade wenn die Antwort etwas länger dauern sollte oder Ihr Kunde dabei ins Stocken gerät.

Aktiv zuhören

Gute Verkäufer sind auch gute Zuhörer!

Einer der Gründe, warum man in der Konversation so selten verständige und angenehme Partner findet, ist, dass es kaum jemanden gibt, der nicht lieber an das dächte, was er sagen will, als genau auf das zu antworten, was man zu ihm sagt. Die Feinsten und Gefälligsten begnügen sich damit, während man es ihrem Auge und Ausdruck ansehen kann, dass ihre Gedanken nicht bei unserer Rede sind, sondern sich eifrig mit dem beschäftigen, was sie sagen wollen. Sie sollten bedenken, dass es ein schlechtes Mittel ist, anderen zu gefallen oder sie zu gewinnen, wenn man sich selbst so sehr zu gefallen sucht, und dass die Kunst, gut zuzuhören und treffend zu antworten, die allerhöchste ist, die man im Gespräch zeigen kann.

(François VI. de La Rochefoucauld, * 15. September 1613 in Paris; † 17. März 1680 ebenda)

Je mehr Sie reden, desto weniger können Sie zuhören und umso weniger wird Ihnen der Kunde zuhören. Auch die besten Fragen allein nutzen Ihnen gar nichts, wenn Sie nicht aktiv zuhören können.

Gerade das aktive Zuhören will gelernt sein. Es ist eine Kunst und erfordert einiges an Übung, dem anderen seine ungeteilte Aufmerksamkeit zu schenken. Hierunter versteht man die Art und Weise des Zuhörens, die Ihrem Gesprächspartner Interesse durch verbale und nonverbale Reaktionen an seiner Person oder seiner Situation signalisiert und bestätigt.
Es beinhaltet auch bedingungslose Akzeptanz, Aufmerksamkeit und Wertschätzung. Das aktive Zuhören ist ein weiterer unverzichtbarer Bestandteil für ein erfolgreiches Verkaufsgespräch. Es erzeugt eine partnerschaftliche Gesprächsebene und vermindert so die üblichen Missverständnisse.

Fühlt sich Ihr Gesprächspartner wirklich von Ihnen verstanden, dann erhöht sich die Wahrscheinlichkeit, dass Sie auch gehört und auch richtig verstanden werden.

Sind Sie ein aktiver Zuhörer?

- Lassen Sie Ihre Gesprächspartner stets ausreden?
- Respektieren Sie Ihre Gesprächspartner?
- Ermuntern Sie Ihre Gesprächspartner durch verbale Signale, wie „ja“, „klingt interessant“ oder durch zustimmende Mimik und Gesten, wie Lächeln, Kopfnicken und Blickkontakt, in ihren Ausführungen fortzufahren?
- Fragen Sie stets zielgerichtet nach?
- Achten Sie ganz bewusst auf das bevorzugte Repräsentationssystem?

Wir gehen den Dingen auf den Grund.

Was ist Verkauf?

Wikipedia beschreibt ein Verkauf oder ein Verkaufsgespräch als die zielgerichtete, auf (schriftlichen oder mündlichen) Vertragsabschluss ausgerichtete Dialogführung eines Verkäufers mit einem potenziellen Kunden.
Hier wird ausdrücklich nicht ein Dialog zwischen einem Berater und einem Interessenten beschrieben!

Welche Grundvoraussetzungen müssen dazu beim Kunden unbedingt erfüllt sein?

Der Kunde muss:

- einen konkreten Wunsch oder den Bedarf an der Lösung seiner Probleme und
- einen individuellen Nutzen haben und es sich auch leisten können.

Welche Grundvoraussetzungen müssen dazu beim Verkäufer unbedingt erfüllt sein?

Der Verkäufer muss:

- den tatsächlichen Bedarf analysieren und sein Angebot auch als
- nutzenorientierte Lösung empfängergerecht präsentieren können.

Gute Verkäufer haben eine Dienstleistung oder ein Produkt und verkaufen Lösungen. Andere Verkäufer haben Lösungen und versuchen stattdessen, ihre Dienstleitungen oder ihre Produkte zu verkaufen!

Kaufmotive

Viele Verkäufer sind in ihre Dienstleistungen oder in ihre Produkte verliebt. Sie reden deshalb ausführlich von unzähligen Merkmalen, die mit den wirklichen Wünschen des Kunden wenig zu tun haben und lassen die Kaufmotive des Kunden dabei oft außer Betracht.

Die Kunden stellen sich jedoch nur die eine Frage: **„Was habe ich davon?"**

Kunden wollen z.B.:

- Geld verdienen oder Geld sparen, gehört zu den wichtigsten Kaufmotiven.
- Sicher sein, das Richtige gekauft zu haben, z.B. durch:
  Gütesiegel, Zertifikate, Garantien oder Empfehlungen zufriedener Kunden.
- Alles aus einer Hand, Rundumsorglospaket oder Lieferservice.
- Anerkennung und Prestige.
- Abgrenzung gegenüber ihrem Mitbewerber.

Mögliche Kunden kaufen Ihre Dienstleistungen oder Ihre Produkte z.B. nicht:

- Weil sie keinen ausdrücklichen Bedarf haben.
- Weil sie es sich nicht leisten können.
- Weil sie keinen Nutzen haben.
- Weil sie kein Vertrauen zu Ihnen, Ihrem Angebot oder Ihrer Firma haben.
- Weil sie zu wenig oder falsche Informationen (bekommen) haben.

Unabhängig von den unterschiedlichsten Menschentypen und Verhaltensweisen, z.B. nach dem DISG® – Modell (standardisiertes Verfahren zur Erstellung eines Persönlichkeitsprofils) kann man hier Menschen in 3 Gruppen aufteilen:

1. Nichtkäufer

Die Nichtkäufer haben Angst davor Entscheidungen zu treffen, keinen wirklichen Bedarf oder kommen aus anderen Gründen nicht für Ihre Dienstleistungen oder Ihre Produkte infrage. Filtern Sie sie konsequent und schnellstmöglich heraus. Investieren Sie Ihre Energie und Ihre Zeit in die zweite und dritte kaufbereite Gruppe.

2. Interessenten

Die Interessenten wollen sich nur mal informieren, haben gegebenenfalls latenten Bedarf, brauchen meist mehr Zeit für eine Entscheidung, wissen noch nicht genau was sie wollen oder sind einfach oft nur auf der Suche nach einem Schnäppchen. Argumentieren Sie sie nicht „an die Wand!“. Erfragen Sie den Bedarf, klären dann die Gründe für das Zögern und stimmen Sie das weitere Vorgehen konkret ab. Das reduziert drastisch die üblichen Zeit – und Reibungsverluste!

3. Kunden

Kunden wollen jetzt von Ihnen kaufen. Ermitteln Sie deren exakte Wünsche und Bedingungen zur Zufriedenheit und Zusammenarbeit. Präsentieren Sie ihnen eine maßgeschneiderte Lösung und nehmen Sie dann einen Antrag auf.
Gute Kunden halten sich an die Absprachen und auch an die vorher festgelegten Bedingungen. Im Idealfall empfehlen sie Sie auch weiter.

Optimale Aufteilung eines Verkaufsgesprächs

Wie ist ein Verkaufsgespräch optimal aufgeteilt?

1. Herkömmliche Gespräche

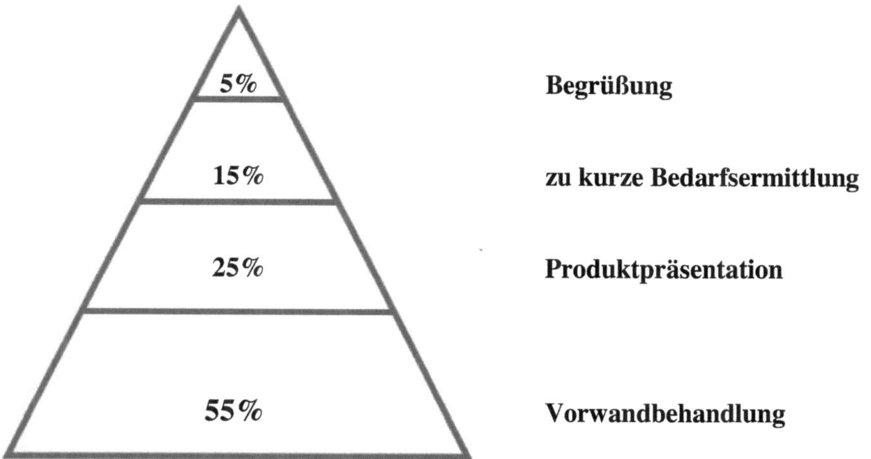

Folge: Versenden von Informationen / Unterlagen

In diesem Modell wird kaum auf die Kunden und ihre Wünsche eingegangen. Das hat zur Folge, dass die Kunden sich nicht ernst – und nicht wahrgenommen fühlen.

Meist bitten sie um Zusendung von Unterlagen, um das „Gespräch" zu beenden. Viele Verkäufer versenden jetzt Informationen oder Unterlagen für Dienstleistungen oder Produkte, die die Kunden nicht wirklich brauchen oder wollen.

Ich nenne sie „Luftballons".

Beispiel:

5 Luftballons am Tag = 25 Luftballons in der Woche = 100 Luftballons im Monat. In den nächsten beiden Monaten kommen bei konstanter Akquise jeweils weitere 100 Luftballons dazu.

Das bedeutet: innerhalb von 3 Monaten sind 300 Mal Informationen und Unterlagen bearbeitet und verschickt worden. Hier wird eine Menge wertvoller Verkaufszeit verschwendet, um potenzielle Kunden für eine Dienstleistung oder ein Produkt zu interessieren, das sie weder brauchen noch haben wollten.

Selbst beim Nachfassen mit Einleitungsfragen, wie z.B.:

- „Was hat Ihnen an meinem Angebot besonders gefallen?"
- „Spiegelt mein Angebot das richtig wider, was wir besprochen hatten?"
- „Ist es das, was Sie haben wollten?"

kommt es erfahrungsgemäß u.a. zu Reaktionen, wie „Zu teuer!", „Kein Bedarf!" oder „Wir melden uns bei Ihnen!".

Es ist völlig bedeutungslos wie viel Interesse potenzielle Kunden haben. Sie nach diesem Modell gewinnen zu wollen, wenn sie zum Kaufen gar nicht bereit oder in der Lage dazu sind ist unwirtschaftlich und frustrierend.

Vielleicht kommt hierdurch sogar auch gelegentlich ein Umsatz zustande, weil der Bedarf wahllos getroffen wurde und rein zufällig eine Lösung dabei war.

Das hat allerdings mit kompetentem Verkauf gar nichts zu tun und bringt unweigerlich Enttäuschung und Entmutigung mit sich.

Auf die Frage des vermeintlichen Kunden am Anfang des Gesprächs nach Zusendung eines Angebots, gibt es eine ganz einfache Antwort.

Entgegnen Sie mit einem Lächeln:
„Das mache ich gern! Um Ihnen ein Angebot zu machen, habe ich folgende Fragen an Sie…" und stellen nun Ihre Fragen zur Bedarfsermittlung.
Geht der Kunde darauf nicht ein, gehen Sie wie folgt vor:
Betreten Sie die Welt des Kunden und bitten ihn Ihrerseits um ein Angebot für seine Dienstleistungen oder seine Produkte.
Stellen Sie ihm dazu eine direkte Rollentauschfrage, z.B.:
„Mal angenommen, ich möchte von Ihnen mein Bad renovieren lassen. Wie teuer wird das denn werden?"
Oder
„Wenn ich bei Ihnen eine 14 – tägige Reise buchen will, wie viel werde ich dafür ausgeben müssen?"

Der Kunde begreift so auf einfachste Art und Weise anhand seiner Dienstleistungen oder seiner Produkte, dass zu Ihrem Angebot neben dem Preis auch genauso der Umfang der Leistung, der Beginn und der Ablauf gehören!
Will der potenzielle Kunde erst einmal nur Unterlagen oder Informationen von Ihnen zugeschickt bekommen, stimmen Sie mit ihm den weiteren Verlauf wie folgt ab: Fragen Sie ihn, was er damit bis wann zu unternehmen gedenkt und ob er möchte, dass Sie ihn zu diesem Zeitpunkt dazu wieder anrufen.
Bieten Sie ihm hierfür zwei konkrete Termine für Ihren Anruf an. Sollte er beide Varianten ablehnen, ist er höchstwahrscheinlich an einer Fortsetzung des Gesprächs oder an Ihrem Angebot nicht wirklich interessiert.
Eine typische Aussage des potenziellen Kunden ist: „Ich melde mich bei Ihnen." Indem Sie antworten: „Das ist eine gute Idee! Ist es, für den Fall, dass Sie mich nicht erreichen, in Ordnung wenn ich Sie hierzu wieder am Mittwoch in zwei Wochen um 10:00 Uhr anrufe?" können Sie die Ernsthaftigkeit prüfen.

Bei ernsthaftem Interesse ist der Kunde meist mit Ihrem Angebot einverstanden. Andernfalls bekommen Sie ohnedem erneut zu hören: „Ich melde mich bei Ihnen!" Viele Menschen haben es nicht gelernt oder auch Angst davor, „Nein" zu sagen. Sie entziehen sich dem Folgegespräch, indem sie einfach vereinbarte Termine nicht einhalten, telefonisch nicht mehr erreichbar sind, E – Mails nicht beantworten und schlimmstenfalls auch unterschriebene Verträge widerrufen.

2. So geht es einfach besser

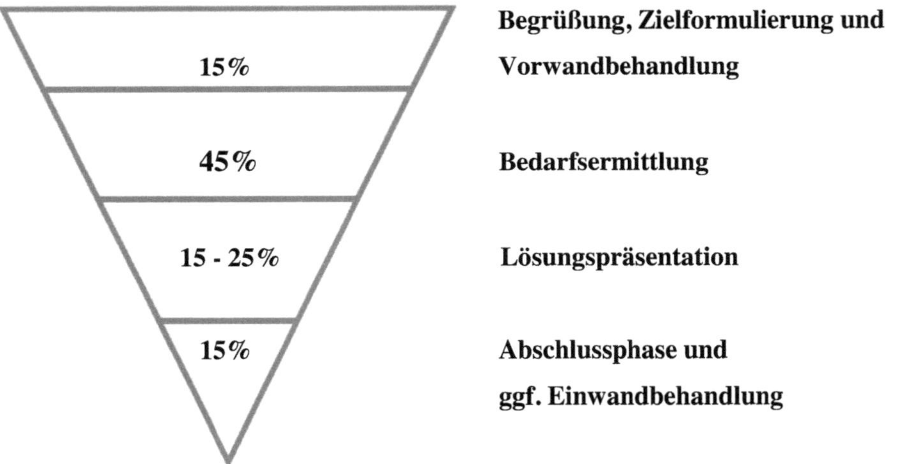

Konsequenz: Konkretes Angebot oder Auftrag

Der zweite Teil in diesem Modell umfasst 45% für die Ermittlung und Analyse des Bedarfs und der Kundenwünsche in Bezug auf Ihre Dienstleistung oder Ihr Produkt. Die Elemente Begrüßung, Grund und Ziel des Gesprächs, Vorwandbehandlung und Bedarfsermittlung machen insgesamt 60% des Verkaufsgesprächs aus.

Werden der Bedarf und die Wünsche professionell analysiert, läuft das Gespräch meist ohne den Aufbau von Barrieren und Widerständen ab. Der Vorteil ist: Sie sparen hier wertvolle Zeit, denn die Präsentation ist nur dann erforderlich, wenn die ersten beiden Phasen erfolgreich beendet wurden. Hier wird auch nur der Teil der Lösung präsentiert, der den Kunden wirklich interessiert. Sie entwickeln eine gute Beziehung zum Kunden, langweilen ihn nicht und es kommt selten zu Einwänden.

Das erfordert die Vorbereitung zielgerichteter Fragen, aufmerksames zuhören, sowie die Überprüfung, ob der Kunde Sie verstanden hat und Sie ihn auch. Erst Fragen zum Bedarf stellen – dann etwas über Ihr Angebot sagen ist die Grundvoraussetzung, ohne die die Bedarfsanalyse, eine individuelle Präsentation und ein reibungsloser Abschluss so gut wie nie erreicht werden.

Der Kunde gewinnt hierdurch die Überzeugung, dass es tatsächlich um ihn und seine Bedürfnisse geht. Die herkömmlichen Zeit – und Reibungsverluste werden so für beide Seiten reduziert und die Resultate erheblich verbessert. In der Abschlussphase wird nun vom Kunden die Zustimmung abgeholt. Sie ist die logische Konsequenz des oben beschriebenen Gesprächsablaufs.

Mal angenommen Sie investieren so an einem 8 Stunden – Arbeitstag nur 5 Minuten pro Stunde weniger, dann gewinnen Sie in einer Woche über 3 Stunden Zeit, im Monat 1½ Tage und im Jahr mehr als 3 Wochen!
Wie viel Zeit können Sie dank dieser Methode gewinnen, die dann geeigneten Kunden zugutekommt?

Angebote nachfassen

Das Resonanzverhalten auf verschickte Angebote lässt teilweise zu wünschen übrig. Dafür kann es die unterschiedlichsten Gründe geben, z.B.:

- Der Kunde hat Ihr Angebot gar nicht erhalten.
- Der Kunde erwartet, dass Sie sich wieder melden.
- Der Kunde hat keine Lust, Ihnen zu antworten.
- Der Kunde hat sich bereits für einen Mitbewerber entscheiden.
- Die Voraussetzungen haben sich geändert.
- Das Anliegen ist erst einmal vertagt worden.

Stimmen Sie deshalb mit Ihren Kunden immer die weitere Vorgehensweise und einen konkreten Termin für das Folgegespräch ab. Weisen Sie sie schon in Ihrem Angebotsschreiben auf diesen Termin hin:
Hierzu werde ich Sie am 28.11.2014 um 11:00 Uhr wieder anrufen.

Hierdurch vermeiden Sie, dass Sie zum falschen Zeitpunkt nachfassen oder die Kunden sich genervt fühlen. Für den Fall, dass Sie die Kunden zum vereinbarten Termin nicht erreichen, bitten Sie die Sekretärin um einen Rückruf. Erfolgt der wider Erwarten nicht, rufen Sie innerhalb einer Woche ein zweites Mal an.

Ist dieser Anruf auch vergeblich, hat sich folgende E – Mail bewährt:

Guten Tag Frau Lehmann,

am 28.10.2014 habe ich Ihnen, wie gewünscht mein Trainingsangebot mit der Bitte um Antwort zugeschickt und bislang noch keine von Ihnen bekommen. Das lässt mögliche Schlüsse zu:
Sie haben meine E – Mail gar nicht erhalten oder sie ist in der allgemeinen Informationsflut untergegangen.
Teilen Sie mir bitte auf diesem Weg mit, ob Sie an einem weiteren Gespräch interessiert sind. Schicken Sie mir einfach für diesen Fall 2 Terminalternativen für die KW 50 oder 51.
Oder buchen Sie einen Gesprächstermin unter: www.terminland.de/gerthoehne.
Ich danke Ihnen für Ihre Antwort, ob oder wann und wie für Sie ein Training infrage kommt.

Herzliche Grüße aus Berlin
Gert Höhne
Mein Training wirkt!

Hieraus ergeben sich 3 Möglichkeiten:

1. Der Kunde vereinbart einen Termin für ein weiteres Gespräch.
2. Der Kunde sagt Ihnen für dieses Angebot oder grundsätzlich ab.
3. Der Kunde antwortet Ihnen gar nicht.

Jetzt entscheiden Sie, ob Sie mit den Kunden 2 + 3 in Kontakt bleiben wollen und sie per E – Mail mit interessanten Angeboten oder Informationen weiter versorgen oder sie aussortieren.

So macht das Verkaufsgespräch für beide Seiten Spaß!

Die meisten Erstgespräche scheitern unnötig an der mangelhaften Vorbereitung. Negative Folgen unvorbereiteter Gespräche sind:

- Keine Strategie
- Keine Struktur
- Keine Termine
- Kein Umsatz
- Keine Empfehlungen
- Zeitverschwendung
- Unsicherheit
- Enttäuschung
- Entmutigung
- Hoffnungslosigkeit
- Sinnlosigkeit

Aus diesen Gründen hat eine gute Gesprächsvorbereitung einen hohen Stellenwert und ist der Grundstein für ein erfolgreiches Verkaufsgespräch. Sie strahlen dadurch mehr Sicherheit aus und machen auf den Kunden einen kompetenten Eindruck.
Gute Vorbereitung bewirkt bessere Resultate!

Legen Sie im Vorfeld fest, was Sie mit dem Gespräch erreichen wollen. Befreien Sie sich von dem Gedanken, im ersten Gespräch verkaufen zu müssen.
Sorgen Sie einfach dafür, dass Ihr vermeintlicher Kunde sich wohlfühlt, Sie für kompetent hält und dass er auch Vertrauen zu Ihnen haben kann.

Viele Erstgespräche enden nicht gleich mit einem Auftrag. Streben Sie deshalb in jedem Gespräch eine konkrete Vereinbarung an, die Sie Ihrem Ziel ein Stück näher bringt. Versichern Sie dem Kunden, dass Sie im ersten Gespräch lediglich sondieren werden, welche Vorteile dieses Gespräch für ihn haben kann.
Danach bedanken Sie sich für das Gespräch, die Informationen und entscheiden, ob ein zweites, weiterführendes Gespräch auch für beide Seiten lohnenswert ist und stimmen in diesem Fall einen zeitnahen Termin dafür ab.
Hier präsentieren Sie nur die individuelle und nutzenorientiere Lösung für die besprochenen Herausforderungen, Wünsche oder Ziele. Oder Sie kommen zu dem Ergebnis, dass der vermeintliche Kunde als Käufer ungeeignet ist. In beiden Fällen werden so die herkömmlichen Zeitverluste für vergebliche Angebote und allgemeine Präsentationen bereits erheblich reduziert.

Checkliste für eine Gesprächsvorbereitung:

- Habe ich mein Gesprächsziel genau festgelegt?
- Wie viel Zeit habe ich dafür?
- Welche Unterlagen brauche ich?
- Wie eröffne ich das Gespräch?
- Wer entscheidet?
- Welche Strategie des Kunden muss ich einkalkulieren?
- Was bietet der Kunde an?
- Welche meiner Dienstleistungen oder Produkte passen am besten?
- Wie kann ich die Kundenvorteile kompakt darstellen?
- Mit welchen Einwänden, Widerständen oder Fragen muss ich rechnen?
- Wie vereinbare ich einen Termin für ein weiteres Gespräch?
- Wie gehe ich mit einem möglichen Nein um?

Verzetteln Sie sich nicht. Kommen Sie auf den Punkt und bleiben Sie beim Thema. Fragen Sie nach, wenn Sie etwas nicht sofort verstehen und fassen Sie das Gespräch mit wenigen Worten abschließend zusammen. Das erspart Ihnen Missverständnisse und spätere Rückfragen!

0815 – Standard ist langweilig!

Gesprächseröffnung

Der Erfolg des Gesprächs hängt von Ihrer durchdachten Gesprächseröffnung mit einer guten und interessanten Zielformulierung ab. Hier entscheidet sich bereits innerhalb kürzester Zeit, ob Ihr Gesprächspartner die Fortsetzung des Gesprächs für reine Zeitverschwendung hält, oder ob er zum dem Ergebnis kommt, dass Sie für ihn interessante Informationen haben, die ihm behilflich sein können.
Ihr Einstiegssatz mit Worten persönlicher Anerkennung kann, wenn sie ernst gemeint sind und auch dementsprechend überzeugend rübergebracht werden, helfen gezielt Sympathien zu entwickeln. Sorgen Sie gleich am Anfang des Gesprächs dafür, dass Sie den Namen Ihres Ansprechpartners gut verstehen. Fragen Sie nach, wenn Sie den Namen nicht verstanden haben und lassen Sie ihn sich gegebenenfalls buchstabieren.

Meist sind bei der Telefonakquise jetzt die zwei Hürden zu meistern:

1. den Entscheider selbst ans Telefon zu bekommen und nicht von der Sekretärin erfolgreich abgeblockt zu werden.
2. den Entscheider innerhalb der ersten Minute so anzusprechen, dass er Interesse an der Fortsetzung des Gesprächs hat!

Worum geht es denn?

Elevator Pitch

Es ist sehr beliebt Bekanntes und Bewährtes einfach neu zu verpacken. So wurde aus der guten alten Zielformulierung nun der Elevator Pitch („Aufzugspräsentation"). Schon klingt es viel interessanter und zeitgemäßer.

Der Elevator Pitch, der in den 1980er – Jahren in den USA entstand, ist eine Technik, mit der man eine Idee überzeugend präsentieren und verkaufen kann.

Beim Elevator Pitch geht es lediglich darum, das Interesse des Gesprächspartners in der kurzen Zeit (ca. 30 Sekunden) einer Fahrstuhlfahrt so zu wecken, dass er mehr über die Idee erfahren will und dafür einen Termin anbietet.

Ihr Elevator Pitch sollte so aufgebaut sein, dass Sie ein gutes Gefühl bei Ihrem Gesprächspartner durch eine bildhafte Sprache, mit klarer Stimme und natürlicher, positiver Körpersprache erzeugen.

Überraschen Sie Ihren Gesprächspartner. Verzichten Sie dabei weitestgehend auf Power – Point – Präsentationen. Sie sind allgegenwärtig, teilweise langweilig und werden oft als „betreutes Lesen" wahrgenommen und so auch negativ abgespeichert.

Wünscht Ihr Kunde einen persönlichen Beratungstermin:

- Fragen Sie ihn, wer an diesem Gespräch noch teilnimmt.
- Ziehen Sie möglichst den Entscheider hinzu.
- Bestätigen Sie den Termin per E – Mail, SMS, Twitter oder Post.
- Geben Sie dem Kunden Ihre Telefonnummer und Ihre E – Mailadresse.
- Lassen Sie sich mittels einer Wegbeschreibung „einladen".

Beispiel: Elevator Pitch

Wer bin ich?

Meine jahrzehntelangen Verkaufs – und Trainingserfolge im Bereich Print – und Digitalmedien mit zahlreichen, namhaften Unternehmen in der Zeitschriften – und Zeitungsbranche machen mich zu einem Experten, wenn es u.a. um:

- Kommunikation, Wahrnehmung, Werbewirkung und
- nachhaltige Verkaufserfolge durch Intervalltrainingsmodule und persönliche Coachings geht.

Was biete ich?

Viele Verkäufer verschwenden zu viel Zeit mit „Nichtkäufern" oder vergraulen, ohne es besser zu wissen, ihre potenziellen Kunden. Sie überschütten sie mit zu vielen Informationen und Fachbegriffen, ohne vorher den Bedarf ermittelt, das Budget und den Nutzen geklärt zu haben!

Hier setzt mein Konzept an, z.B. Briefing zum Stand der Dinge, wöchentliche Intervalltrainingseinheiten über einen Zeitraum von 2, 4 oder auch 6 Monaten mit regelmäßigen wöchentlichen Coachings.

Mein Angebot beinhaltet ein umfangreiches Handout und eine individuelle Nachbetreuung. In dieser Entwicklungsbegleitung werden die vermittelten Inhalte praktisch vertieft und die übliche Leistungslücke zwischen einem herkömmlichen Training und der Praxis nachhaltig geschlossen.

Dadurch gewinnt mein Trainingskonzept erheblich an Nachhaltigkeit und trägt mit diesem Mehrwert zur Wertschöpfung bei.

Was nutzt es Ihnen?

Die konsequente Anwendung meiner Trainingsinhalte bewirkt erfahrungsgemäß:

- Steigerung der Motivation
- Geringe Fluktuation
- Reduzierung der typischen Zeit – und Reibungsverluste
- Effizientere Akquisegespräche
- Aufträge statt Angebote
- ∅ 10 – 25% mehr Gewinn innerhalb von 6 Monaten

Sie und / oder Ihre Verkäufer:

- verbessern nachhaltig Ihre kommunikativen Fähigkeiten.
- beherrschen praxisbewährte Methoden der effizienten Gesprächsführung.
- überzeugen mit geeigneten Nutzenargumenten.
- qualifizieren Kunden effizient.
- erhöhen Ihre Erfolgsquote in Ihren Gesprächen.
- meistern intelligent Grenzsituationen.
- präsentieren Ihre Lösung wirkungsvoll.
- erzielen wesentlich höhere Abschlussquoten pro Termin.
- reduzieren deutlich die üblichen Zeit – und Reibungsverluste.
- haben wieder Spaß am Verkauf.

Die Nachhaltigkeit wird durch Individualcoachings bewirkt und das erworbene Wissen so dauerhaft verankert. Dadurch verbessert sich das praktische Umsetzen, die vermittelten Inhalte werden synchronisiert und das Niveau verbessert sich deutlich.

Was werden Sie sagen?

Schreiben Sie hier Ihren Elevator Pitch.

Nehmen Sie sich jetzt Zeit – sie ist gut investiert!

- **Wer bin ich?**

  ____

  ____

  ____

  ____

  ____

- **Was mache ich?**

  ____

  ____

  ____

  ____

  ____

- **Was habe ich zu bieten?**

  ____

  ____

  ____

  ____

  ____

- **Was bringt es meinen Kunden?**

  ____

  ____

  ____

  ____

  ____

- **Welchen Mehrwert bringt es meinen Kunden?**

  ____

  ____

  ____

  ____

  ____

Schreiben Sie Ihren Text so, dass Ihr Gesprächspartner ein interessantes Bild von Ihnen und Ihrem Angebot bekommt und auch seine wertvolle Zeit in ein Gespräch mit Ihnen investieren will.
Wecken Sie z.B. mit einem spannenden Aufhänger in bildhafter Sprache seine Neugier. Je gezielter und unmissverständlicher Ihr Elevator Pitch ist, desto besser.

Optimaler Gesprächsablauf

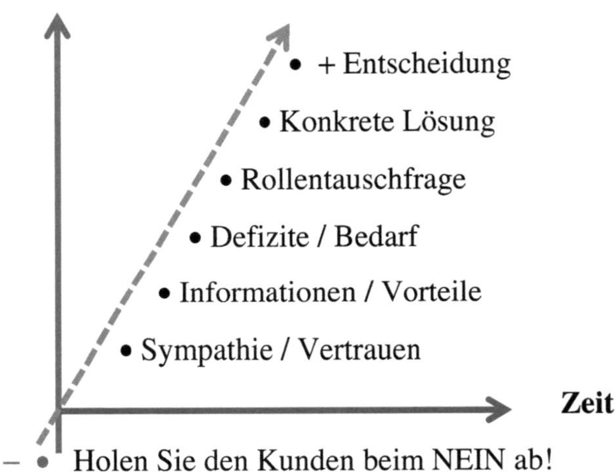

Vorwandbehandlung

Mir ist in all den Jahren, in denen ich verkaufe und Verkäufer trainiere aufgefallen, dass während der Akquise – und Verkaufsgespräche immer wieder die gleichen Vor – und Einwände aufzukommen scheinen!

Lediglich wie Vorwände von Einwänden unterschieden und gemeistert werden, wird sehr unterschiedlich gehandhabt. Weiter ist mir aufgefallen, dass die Verkäufer nicht so leicht aus der Fassung gerieten, wenn sie geeignete Entgegnungen parat hatten.

D.h., es besteht eine sehr enge Beziehung zwischen dem Maß an Vorbereitung auf diese Vor – und Einwände und der Selbstsicherheit der Verkäufer!
Nur Amateure verlassen sich zu oft darauf, dass ihnen im Augenblick der Konfrontation schon irgendetwas Wirkungsvolles einfallen wird.
In dieser Phase des Gesprächs ist es besonders wichtig, wie man in einer angenehmen Atmosphäre des Einvernehmens den Standpunkt des Kunden gegebenenfalls ändern kann oder an dieser Stelle bereits das Gespräch abbricht und so die üblichen Zeit – und Reibungsverluste systematisch reduziert!

Einwände von Vorwänden unterscheiden!

Während Einwände sachlich begründet sind, handelt es sich bei Vorwänden meist um unbegründete Behauptungen oder allgemeingültige Aussagen. Gegebenenfalls werden in dieser Phase des Gesprächs, wie im Eisbergmodell bereits dargestellt, auch gespeicherte, ablehnende Wahrnehmungsmuster instinktiv ausgelöst.
Oder der Kunde hat vielleicht weder Lust noch Interesse daran, mit Ihnen zu reden.
Behandeln Sie die Vorwände unmittelbar nach der Begrüßung so in 2 Schritten:

1. **Schritt: Vorwand positiv bestätigen**
2. **Schritt: Brücke bauen und neuen Aspekt anbieten**

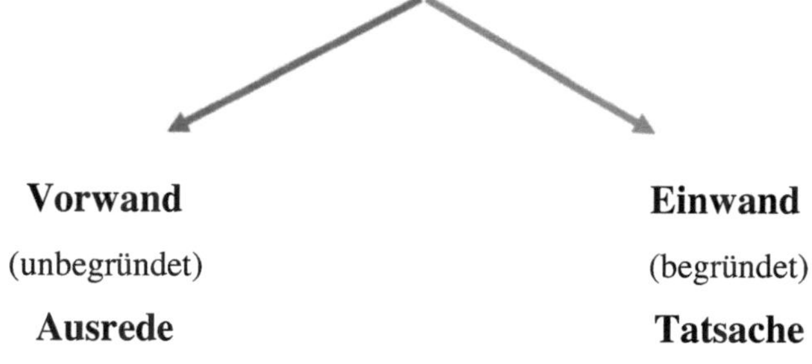

1. Schritt: Vorwand positiv bestätigen!

Im ersten Schritt wird der Vorwand des Kunden positiv bestätigt. D.h., der Verkäufer gibt dem Kunden zu verstehen, dass er ihm zugehört hat und seine Botschaft bei ihm angekommen ist. Er demonstriert Verständnis und unterscheidet sich bereits dadurch von einer Vielzahl seiner Mitbewerber.
Die fangen in dieser Phase des Gesprächs an, den Kunden mit Argumenten und Fakten überzeugen zu wollen.

Der Kunde fühlt sich hierdurch nicht wahrgenommen und reagiert entsprechend negativ. Er gelangt sofort zu der Überzeugung, dass es eher um die Bedürfnisse und Probleme des Verkäufers geht als um seine Ziele und Wünsche. Vermeiden Sie hier Diskussionen. Sie führen kaum zum Ziel.

Wer andere für sich gewinnen will, muss ihnen erst einmal bestätigen, dass er sie und ihre zum Ausdruck gebrachten Ansichten, Antworten und Erwiderungen wahrnimmt! Durch die folgende Herangehensweise gelingt es, dem vermeintlichen Kunden das Gefühl zu geben, dass man ihm wirklich zuhört.
Er fühlt sich respektiert und ernst genommen. Erst danach ist er gesprächsbereit und für Ihre Ideen und Vorschläge offen. Fühlt sich der Kunde nun wirklich verstanden, dann wächst die Wahrscheinlichkeit, dass man selbst auch richtig verstanden wird.

Erfahrungsgemäß kommt es bereits häufig an dieser Stelle des Gesprächs zu erheblichen Widerständen, weil der Verkäufer in der Regel versucht, den Vorwand mit sachlichen Argumenten auszuräumen. Statt auf den Kunden einzugehen, werden Zahlen, Daten und Fakten präsentiert.

2. Schritt: Brücke bauen und neuen Aspekt anbieten!

Mit dem zweiten Schritt bauen gute Verkäufer dem Kunden eine Brücke, um eine neue Entscheidung treffen zu können. Durch eine angenehme Ausstrahlung können sie in behaglicher Gesprächsatmosphäre den Standpunkt des Kunden gegebenenfalls ändern, indem sie ihm einen neuen Aspekt anbieten!
Der Kunde kann nun zu einem anderen Aspekt, als den, auf den er bei der Begrüßung mit Ablehnung oder Widerstand reagiert hat, ohne Gesichtsverlust auch „Ja" sagen.

Der Verkäufer bietet z.B. eine Anzeigenschaltung an und der Kunde sagt, er habe kein Geld für Werbung.
Der Verkäufer demonstriert dafür Verständnis und antwortet darauf wie folgt: „Ich habe vollstes Verständnis dafür, dass Sie sich über Ihre Investitionen Gedanken machen. Mal angenommen wir machen eine redaktionell begleitete Sonderseite zum Thema „Auswirkung des Internets auf den Einzelhandel" mit der Sie auch neue Zielkunden erreichen können und sich Ihre Investition innerhalb kurzer Zeit für Sie rechnen lässt. Wie interessant ist das für Sie?"

Nun kann der Kunde aus dem Gefühl heraus „Ja" dazu sagen, ohne sein Gesicht zu verlieren und das Gespräch kann jetzt auch, in einer für beide Seiten angenehmen Atmosphäre, weitergeführt werden.
Oder der Kunde bestätigt, dass er kein Geld hat.

In dieser Phase des Gesprächs geht es ausschließlich darum, auf entspannte Art und Weise herauszufinden, ob es sich lediglich um einen Vorwand oder begründeten Einwand handelt! Danach entscheidet der Verkäufer, ob er das Gespräch fortsetzen will oder den Einwand ausräumen kann.

Beispiele für positives bestätigen:

- „Ich habe vollstes Verständnis dafür, dass Sie sich über Ihre Investitionen Gedanken machen.“
- „Gut, dass Sie das sagen!“
- „Logisch, dass Ihr Budget Einfluss auf Ihre Entscheidung hat.“
- „Natürlich ist es wichtig, in der heutigen Zeit Investitionen sorgfältig zu planen.“
- „Das klingt nach…“
- „Das freut mich für Sie!“
- „Ich verstehe, was Sie meinen.“

Meine Beispiele für positives bestätigen:

- ____
  ____
  ____
  ____
  ____

Beispiele für Brücke bauen:

- „Mal angenommen, Ihre Investition ließe sich innerhalb kurzer Zeit für Sie rechen…
- „Stellen Sie sich einmal vor, dass Sie…

Meine Beispiele für Brücke bauen:

- ______________________________________
  ____
  ____
  ____
  ____

Beispiele für einen neuen Aspekt:

- … und Sie erzielen durch die verkürzte Laufzeit Ihrer Maschine innerhalb von 3 – 6 Monaten einen Gewinn von 5.000 EUR – 7.000 EUR.
  Wie wichtig ist das für Sie?“
- … durch unser Gespräch Ihre Gemeinkosten um 10 – 15% senken können. Was halten Sie davon?“

Meine Beispiele für einen neuen Aspekt:

- ______________________________________
  ____
  ____
  ____
  ____

Wie gut auch immer Sie Ihre Formulierungen:

- Kundenaussage positiv bestätigen,
- Brücke bauen und neuen Aspekt anbieten

anwenden und beherrschen, Vor – und Einwände wird es weiterhin geben.

Es gibt in jeder Branche bis zu zehn immer wiederkehrende.
Sammeln Sie alle Vor – und Einwände und erarbeiten Sie jeweils Ihre eigenen Formulierungen nach diesem Muster dazu.
Schreiben Sie hierzu eine Tabelle mit zwei Hälften.
Auf die linke Seite der Tabelle schreiben Sie alle möglichen Vor – und Einwände.
Auf der rechten Spalte notieren Sie Ihre Formulierungen.

Speichern Sie Ihre Formulierungen ins Unbewusste ab, so dass sie Ihnen im Gespräch bei Bedarf instinktiv zur Verfügung stehen.
So werden Sie schon innerhalb kurzer Zeit im Kundengespräch deutlich sicherer. Dadurch ändern sich Ihr Verhalten und Ihr Zustand. Ihre Gespräche laufen deutlich entspannter ab. Andernfalls greift Ihr Unbewusstes immer auf das zurück, was im Moment der Konfrontation spontan vorhanden ist.
Oder Ihnen fallen die besten Varianten hierzu erst nach dem Gespräch ein!

Bedarfsermittlung – Setzen Sie die Brille des Kunden auf!

Die Bedürfnispyramide vom US – amerikanischen Psychologen Abraham Maslow zählt zu den Klassikern der motivationstheoretischen Erklärungsansätze.
Das Modell wurde in den 1950er – Jahren entwickelt, um Motivationen von Menschen zu beschreiben. Er beschreibt dort eine Hierarchie von fünf Motivfaktoren für menschliches Handeln, die seiner Theorie gemäß nacheinander auftreten.

Der Mensch wird demnach von bestimmten Grundmotiven angetrieben und versucht zuerst die Bedürfnisse der niedrigsten Ebene, wie z.B. Essen, Trinken oder Schlafen zu befriedigen, bevor er die nächste Ebene in Angriff nimmt.
Solange ein Bedürfnis einer niedrigeren Ebene nicht erfüllt ist, ist ein Bedürfnis einer höheren Ebene prinzipiell noch verborgen.
Erst das gestillte Bedürfnis erhöht die Motivation, ein weiteres, höheres Bedürfnis zu befriedigen.
Defizite und Mängel auf diesen Ebenen können für einen ausdrücklichen Bedarf sorgen und dementsprechende Handlungsimpulse auslösen.

Das Kaufmotiv ist das zentrale Element im Verkaufsprozess.

Motivieren heißt in der ursprünglichen Bedeutung des Wortes „bewegen“. Der Kunde wird so „bewegt“, dass er überzeugt ist, etwas zu bekommen, das genau zu ihm passt.
Wenn Sie Produkte präsentieren, versuchen Sie den Kunden zu „bewegen“, das zu wollen, was Sie ihm gerade anbieten.
Damit trifft man selten den Punkt, der den Kunden wirklich „bewegt“!

Erfragen Sie ganz einfach den Bedarf, anstatt ihn ungefragt erzeugen zu wollen! Das ist eine völlig unkomplizierte Methode, Kunden für sich zu gewinnen. Sprechen Sie mit Ihren Kunden nur über das, was sie haben möchten. Erfragen Sie professionell ihren Bedarf und ihr Budget dazu und das Gespräch läuft meist ohne Ablehnung und Widerstände ab. Zeigen Sie den Kunden, dass es um sie, um ihre Bedürfnisse und um ihre Ziele oder um die Lösung ihrer Probleme geht. Sie fühlen sich dadurch verstanden und ernst genommen.

Die größte Herausforderung besteht dabei, alle relevanten Aspekte zu analysieren, ohne zu viele Fragen zu stellen, durch die der Kunde gelangweilt wird oder durch die er sich schlimmstenfalls verhört fühlt.
Das erfordert die Vorbereitung zielgerichteter Fragen:

- Was will Ihr Kunde wirklich?
- Zu Beginn, Häufigkeit und Dauer?
- Wie hoch ist sein Budget dafür?
- Wer entscheidet darüber?
- Wer erteilt den Auftrag?
- Welche Erwartungshaltung hat Ihr Kunde?

und ungleich wichtiger aufmerksames zuhören!

Das, was Sie zu wissen glauben, kann Sie daran hindern, das zu erfahren, was Sie für Ihre Präsentation unbedingt wissen müssen!
Vor – und Einwände werden oft von Verkäufern selbst hervorgerufen, weil sie ohne den konkreten Bedarf des Kunden zu kennen, ihre Dienstleistung oder ihr Produkt schematisch präsentieren.

Fragen Sie Ihren Kunden deshalb nach seiner Erwartungshaltung an Sie, an Ihre Dienstleistung, an Ihr Produkt und an Ihre Firma. Die Abstimmung darüber schafft Klarheit und hilft einfach Enttäuschungen für beide Seiten zu vermeiden, die sonst üblicherweise leicht entstehen können.

Beispiel:

Finanzdienstleistungsunternehmen analysieren schon zu Beginn des ersten Gesprächs mittels eines Fragebogens auf sehr einfache Art und Weise und innerhalb kürzester Zeit den Bedarf und das Budget des potenziellen Kunden.
Der kreuzt hier anhand von verschiedenen Bildern, wie z.B. Auto, Boot, Haus, Strand usw. seine Ziele und Wünsche an. Dann gibt er an, wie viel er monatlich oder einmalig für die Realisierung seiner Ziele und Wünsche zu investieren bereit ist. Zur Analyse werden seine persönlichen Daten, Erfahrungen mit Geldanlagen und idealerweise sein Risikoprofil erfasst. Im zweiten Gespräch erfolgt die Auswertung der Datenerhebung. Dem potenziellen Kunden kann nun eine Lösung präsentiert werden, die seinen Zielen, seinen Wünschen und seinem Budget entspricht.

Meine Fragen zum Bedarf:

- ____________________________________
____
____
____
____
____
____

Vorabschlüsse

Mit Vorabschlussfragen testen Sie Schritt für Schritt die Kaufbereitschaft des potenziellen Kunden und klären, ob es noch unbeantwortete Fragen oder auch Vorbehalte gibt.
Des Weiteren dienen diese Fragen dazu, dem Auftrag Stück für Stück näher zu kommen, ohne, dass sich der potenzielle Kunde dabei unter Druck gesetzt fühlt.

Gute Vorabschlüsse klingen beispielsweise so:

- „Spiegelt mein Angebot bis hierher wider, was Sie sich vorgestellt haben?“
- „Passt das in Ihr Budget?“
- „Wovon hängt Ihre Entscheidung ab?“
- „Mal angenommen, Frau Lehmann Sie kommen heute zu dem Ergebnis, dass mein Angebot Ihre Wünsche zu Ihrer vollsten Zufriedenheit erfüllt. Kaufen Sie dann auch bei mir?“
- „Wenn ich Ihre Anforderungen erfülle, kommen wir dann ins Geschäft?“

Meine Vorabschlüsse:

- ____

Die Kunst der Argumentation

Merkmal – Vorteil – Nutzen

Das Ziel dieser Methode ist es, die Verbindung zwischen dem Bedarf, den Vorteilen der Dienstleistung oder des Produkts, der Lösung und dem Kundennutzen lebendig und anschaulich herauszukristallisieren.

Beispiel: 100 Euro – Schein

Merkmale: beschreiben die Fakten, Daten oder Eigenschaften einer Dienstleistung oder eines Produkts.

Der 100 Euro – Schein ist der auffälligste unter allen Euro – Scheinen. Er ist grün, 147 x 82 mm groß und wiegt 1,02 g. Das Tor auf der Vorderseite steht für den Barockstil und die dazugehörige Lebensfreude dieser Epoche.

Außerdem sind noch die Bezeichnung der Währung in lateinischer und griechischer Schreibweise und die Flagge der EU zu sehen.

Vorteile: sind allgemeingültig und treffen auf jeden zu!
Stellen Sie sich zur Veranschaulichung dieser Methode einfach gedanklich vor, dass jeder Leser einen 100 Euro – Schein erhält. Der Vorteil ist für alle Leser gleich! Jeder bekommt 100 EUR zur freien Verfügung.

Nutzen: ist das, was nun jeder einzelne Leser mit dem 100 Euro – Schein anfängt, z.B. zum Friseur gehen, essen gehen, Schuhe kaufen, sparen oder was es sonst beim Einzelnen bewirkt.

Die Merkmal – Vorteil – Nutzen – Argumentation wird unter anderem in der Werbung verwendet. So hat die Bausparkasse Schwäbisch Hall sie z. B. in ihrer Kampagne „Unabhängigkeitserklärung – Bausparangebot für Junge Leute" in bemerkenswerter Weise umgesetzt.
Statt die Merkmale und Vorteile, wie Bausparsumme, Tarif, Mindestsparguthaben, Regelsparbeitrag, Sparphase, Mindestbewertungszahl, Zuteilung, Darlehensphase und Förderung vom Staat ausführlich zu beschreiben, ist ihr mit dem TV – Spot „Unabhängigkeitserklärung – Bausparangebot für Junge Leute" eine sehr erfolgreiche und zielkundenrelevante Präsentation innerhalb von 1:25 Minuten gelungen. Darin geht es um den wichtigsten Ort der Welt mit Förderung und Bonus vom Staat. (www.schwaebisch-hall.de)

Überleitungen vom Bedarf zum Angebot:

- „Nachdem was Sie mir jetzt erzählt haben…"
- „Nachdem was wir gerade besprochen haben…"
- „Sie sagten…" (Anforderungen des Kunden)
- „Ich biete Ihnen…" (Merkmale Ihrer Lösung)

Die Metaprogramme, die unbewussten Filter der Wahrnehmung, bestimmen, welche Informationen aus der unbewussten Wahrnehmung den Weg in das Bewusstsein finden, wie jemand seine Repräsentationen bildet, sein Verhalten steuert und seine Entscheidungen trifft!

Hierzu stellt sich die Frage, gehört der Kunde zu den Menschen, die etwas anstreben, auf die Dinge zugehen und sagen, was sie haben wollen?

Oder gehört der Kunde zu den Menschen, die etwas vermeiden, sich von den Dingen fortbewegen und eher sagen, was sie nicht wollen?

Jetzt können Sie bewusst hervorheben, welche Vorteile Ihre Dienstleistung oder Ihr Produkt haben oder welche Nachteile der Kunde zukünftig damit vermeiden wird. Überprüfen Sie an dieser Stelle, ob Sie richtig liegen und holen Sie sich mit Fragen, wie:

- „Ist es das, was Sie brauchen?"
- „Was halten Sie davon?"
- „Wie gefällt Ihnen das?"

die Zustimmung des Kunden ab.

Kunden kaufen die Dienstleistungen oder die Produkte deren Nutzen sie subjektiv am größten wahrnehmen.

So kommen Sie vom Vorteil zum Nutzen:

- „Das bedeutet für Sie..."
- „Sie erhalten dadurch..."
- „Sie haben davon..."
- „Sie sparen dadurch..."

- „Sie gewinnen damit..."
- „Das erleichtert Ihnen..."
- „Das hilft Ihnen…"
- „Das bringt Ihnen…"
- „Das ermöglicht Ihnen…"
- „Das heißt für Sie…"
- „Hiermit vermeiden Sie…"
- „Das reduziert…"
- „Das verhindert…"
- „Sie brauchen nicht mehr…"
- „Das erspart Ihnen…"

Erfahrungsgemäß sprechen die meisten Verkäufer von Selbstverständlichkeiten oder Vorteilen und argumentieren oft nur mit Fakten, ohne den konkreten Nutzen des Kunden anzusprechen. Nur die Verkäufer, die vom Nutzen des Kunden sprechen, sprechen auch von seinen Bedürfnissen, Erwartungen, Wünschen und Zielen.

Meine Überleitungen:

- ____

So entkommen Sie der Diskussion!

Top – Down – Argumentation

Sie haben nun ein hervorragendes Verkaufsgespräch gemacht und Ihr Kunde bringt jetzt einen Einwand, z.B.: „Das ist zu teuer."

Der Kunde versucht eventuell seine Position auszunutzen, erwartet vielleicht einen Preisnachlass oder stellt andere, zusätzliche Bedingungen zum Vertragsabschluss. Viele Verkäufer scheitern an dieser Stelle des Gesprächs daran, dass sie es dem Kunden recht machen wollen, weil sie befürchten sonst den Auftrag an den Mitbewerber zu verlieren. Machen Sie sich bewusst, dass der Kunde den Umfang der Dienstleistung oder den des Produkts bestimmt und nicht der Verkäufer! Hier entspricht der Preis lediglich noch nicht den Vorstellungen des Kunden, die er mit Ihrer Dienstleistung oder Ihrem Produkt und der Lösung seiner Probleme verbindet. Das Ziel dieser Methode ist es, auch hier Verständnis für den Einwand zu demonstrieren, gemeinsam eine Lösung zu finden und den Kunden entscheiden zu lassen, auf welche Vorteile er verzichten will!

Gehen Sie hierzu jedes Leistungsmerkmal und jeden Vorteil einzeln mit dem Kunden durch und formulieren Sie hierzu seinen Nutzen!

Beispiel:

Verkäufer: „Natürlich verstehe ich, dass der Preis Einfluss auf Ihre Entscheidung hat und Sie Ihre Investition sorgfältig prüfen! Dann lassen Sie uns das jetzt gemeinsam zusammenfassen, worauf Sie den größten Wert legten und welche Punkte für Sie zweitrangig sind."

Kunde: „Einverstanden."

Verkäufer: „Sie sagten, Sie brauchen ein solides Modell, das Ihnen hilft die Lieferzeit von bisher 12 Wochen auf 10 Wochen schnellstmöglich zu verkürzen."

Kunde: „Ja, das stimmt."

Verkäufer: „Was verstehen Sie genau unter solides Modell?"

Kunde: „Ich meine damit eine Maschine, die fehlerfrei und unverwüstlich ist."

Verkäufer: „Okay, das Modell A, in der Ausführung XY hilft Ihnen dabei, Ihre Lieferzeiten um 2 Wochen zu verkürzen. Ihrer Erfahrung nach bedeutet das für Sie eine monatliche Ersparnis in Höhe von 5.000 EUR bis 7.000 EUR."

Kunde: „So in etwa, ja."

Verkäufer: „Sie sagten, dass Sie dringend einen Assistenten benötigen, der Ihnen bei der Kundenbetreuung unter die Arme greift, damit Sie wieder mehr Zeit für Ihre Familie und Ihr Hobby haben. Ist das immer noch der Fall?"

Kunde: „Mittlerweile bin ich bei einer 80 – Stundenwoche und sehe meine Kinder immer seltener. Ich könnte wirklich Unterstützung gebrauchen."

Verkäufer: „Das kenne ich. Stellen Sie sich einfach einmal vor, das Modell A, in der XY – Ausführung ist bestens dafür geeignet und Sie stellen sich von der monatlichen Ersparnis jetzt einen persönlichen Assistenten zur Seite, der Sie entlastet und Ihnen mehr Zeit für Ihre Familie und Ihr Hobby freischaufelt.

Was haben Sie für ein Gefühl dabei?"

Kunde: „Das klingt gut. Meine Frau wird es gerne hören!"

Verkäufer: „Ganz bestimm! Es hört sich so an, als ob Sie heute eine Lösung für Ihr Problem gefunden haben. Dann stellt sich nur noch die Frage, zu welchem Zeitpunkt die Maschine geliefert werden kann?"

Falls der Kunde die Bestätigung seiner Frau dazu braucht:

Verkäufer: „Das denke ich auch! Ich möchte nicht, dass Sie sich dafür entscheiden, bevor Sie die Meinung Ihrer Frau dazu gehört haben."

Kaufreue

Kennen Sie das?
Der Kunde war zufrieden und hat bei Ihnen gekauft. Kurze Zeit später, nach einem Gespräch mit Bekannten, Freunden oder Geschäftspartnern bekommt der Kunde jedoch das unbehagliche Gefühl, etwas Falsches erworben zu haben und bereut deshalb seinen Kauf bei Ihnen.
Wirken Sie einer möglichen Kaufreue entgegen und beglückwünschen Sie den Kunden zu seiner Entscheidung.
Machen Sie ihm klar, dass Sie auch nach dem Kauf weiter für ihn da sein werden und bieten Sie ihm für seine Fragen Ihre Hilfe an. Zum Abschluss bedanken Sie sich für den Auftrag und lassen sich weiterempfehlen.

Jetzt gilt es, Erfahrungen zu sammeln und mit jedem Gespräch sicherer zu werden:

- Prioritäten setzen!
- Jeden Tag analysieren: Nehmen Sie sich hierfür 15 Minuten Zeit und Ihr Erfolg wird sich schrittweise verbessern.
- Eigene Fehler reduzieren.
- Absagen hinnehmen!
- Fragen notieren.
- Vorwände von Einwänden unterscheiden und beide meistern.
- Erfolgswahrscheinlichkeit durch Dauer und Häufigkeit erhöhen.
- Regelmäßig Trainings und Coachings nutzen.

Erfolg und Misserfolg

Nie war es leichter an bewährte Ideen und Methoden zum Thema Akquise und Verkauf zu gelangen. Es gibt unzählige Präsenztrainings, DVDs, Blogs, Workshops, (Hör –) Bücher, Webinare und E – Learningprogramme.
Zum Thema Akquise und Verkauf ist längt alles geschrieben und gesagt worden, nur längst nicht alles getan!
Seit vielen Jahren forscht man schon nach den Regeln von Erfolg und Misserfolg. Die meisten Untersuchungen kommen zum dem Ergebnis, dass es hauptsächlich zwei mentale Blockaden gibt, die Menschen daran hindern ihr Potenzial auszuschöpfen:

1. Erlernte Hilflosigkeit

Der Begriff wurde 1967 von Martin E. P. Seligman, Professor für Sozialpsychologie und Klinische Psychologie an der Universität von Pennsylvania und Steven F. Maier, Professor und Direktor des Zentrums für Neurowissenschaften an der Universität Colorado geprägt.
Martin Seligmans bahnbrechender Erklärungsansatz, wie die Erfahrung von Unkontrollierbarkeit zu Hilflosigkeit und in Folge zu Depression, Angst und Apathie führt, war der Ausgangspunkt unzähliger Untersuchungen und theoretischer Erklärungsmodelle sowohl in der Entwicklungspsychologie, Sozialpsychologie und Klinischen Psychologie wie auch in der Pädagogik und Soziologie.
Die Bandbreite des Modells der "Erlernten Hilflosigkeit" reicht von der Erklärung psychopathologischer Symptome bis hin zur Erforschung gesellschaftlicher Zustände wie Armut und Arbeitslosigkeit.
Eine Vielzahl der Menschen fühlt sich von den Ereignissen, die um sie herum geschehen einfach überfordert.

Es kann auch sein, dass sie noch nie etwas über das Setzen und Erreichen von Zielen gehört haben. Sie haben deshalb keinen Plan, lassen sich treiben oder verschwenden ihre Kreativität damit, Ausreden für ihr Versagen zu finden und sich für schlechte Leistungen zu rechtfertigen. Diese Menschen verwechseln Ursache und Wirkung und erzählen immer wieder ihre Opfergeschichte.

Ein klassisches Merkmal ist, dass sie die Verantwortung für ihr Leben abgeben und die Schuld meist bei anderen suchen. Des Weiteren haben sie oft einfach nur Angst vor Ablehnung, Zurückweisung, Kritik oder Scheitern.

Das Alphabet besteht aus 26 Buchstaben und 5 davon machen das Leben für sie so kompliziert: **A N G S T**. Die Angst vor dem Versagen ist das größte Hindernis für Erfolg.

Tun Sie einfach das, wovor Sie Angst haben und sie wird vergehen. Treffen Sie sich hierzu z.B. mit anderen Verkäufern und telefonieren Sie gemeinsam. Erstens lernen Sie von den anderen und zweitens macht es einfach mehr Spaß gemeinsam zu telefonieren.

Bereiten Sie sich vor, rufen Sie z.B. Ihre potenziellen Kunden an und erzählen Sie ihnen von Ihrem Angebot. Es kann nur besser werden. Nicht zu aquirieren und nicht zu verkaufen können keine Lösung sein und sind auch ein „Nein“!

Oder Sie nehmen einen Coach zu einem Kundengespäch mit und analysieren mit ihm unmittelbar danach das Gespräch.

2. Komfort – Zone

Der Mensch ist ein Gewohnheitstier. Menschen fangen etwas an und gewöhnen sich nach kurzer Zeit daran und sind auch dann nicht bereit, diese Gewohnheit wieder aufzugeben, selbst wenn sie mit einer Situation weder glücklich noch zufrieden sind.

Sie werden selbstgefällig und bekommen regelrecht Angst vor Veränderungen. Je länger sie auf den eingefahrenen Wegen weitergehen, desto schwerer wird es, die Richtung zu wechseln. Die Komfort – Zone ist einer der größten Feinde des menschlichen Potenzials. Menschen bemühen sich geradezu darum, auch in dieser Komfort – Zone zu bleiben und sich mit dem Trott und der Mittelmäßigkeit zufrieden zu geben. Wer hier raus will, muss der Bequemlichkeit ganz bewusst entgegentreten. Mehr Erfolg ist nur möglich, wenn man wirklich bereit ist, sich eine höhere Komfortzone zu schaffen und dafür zeitweise eine gewisse Unbehaglichkeit in Kauf nimmt. Es ist die Sache in jedem Fall wert, sich die ersten Male ungeschickt anzustellen und sich dabei ungemütlich zu fühlen, bis sich eine neue Komfort – Zone entwickelt hat.

Machen Sie, dass Sie in die Wohlfühlzone kommen!

Gutes Verkaufen lernt man nicht durch ein „Ja“ des Kunden, sondern durch Ablehnung, Widerstand und ein „Nein“. Das sind unausweichliche Bestandteile des Erfolgsprozesses! Alle erfolgreichen Verkäufer haben mehr Ablehnung und Widerstand erfahren und „Neins“ erhalten als ein „Ja“ bekommen.

Für die guten Verkäufer sind Ablehnung, Widerstand und ein „Nein“ der Ansporn, noch besser zu werden.

Die Umsetzung einer grundlegend anderen Herangehensweise ist einer der zentralen Punkte, der gute Verkäufer von denen unterscheidet, die kaum zurande kommen. Investieren Sie einen Teil Ihrer Provision, um die eine oder andere Idee, die das Verkaufen und das Leben einfach leichter machen, kennenzulernen.

Besuchen Sie aus eigenem Antrieb regelmäßig Schulungen, Trainings oder ähnliche Weiterbildungsmöglichkeiten. Immer das Gleiche tun und andere, bessere Ergebnisse erwarten hat noch nie funktioniert. Suchen Sie sich einen Menschen, der Ihnen dabei hilft, das zu tun, wozu Sie wirklich fähig sind.

Trainings und Coachings sind ihren Preis wert!

Dagegen sind die Gespräche und die Termine auf Dauer richtig teuer, bei denen Sie:

- Ihre Dienstleistungen oder Ihre Produkte nicht optimal präsentieren!
- weniger Umsatz machen als Sie könnten!
- in Preisverhandlungen nachgeben oder
- gar nichts verkaufen!

Nehmen Sie einmal an, Sie gewinnen nach einem Trainingsintervall oder nach einem individuellen Coaching Kunden erheblich besser und schneller und verschwenden dadurch deutlich weniger Zeit mit Nichtkäufern.
Beantworten Sie sich einfach die beiden folgenden Fragen:

- Wie werden sich meine Umsätze und mein Gewinn entwickeln?

Mein Gewinn pro Jahr: ______________________________

Gegen das, was Sie so gewinnen, beträgt ein Trainerhonorar oder Ihre Investition für ein individuelles Coaching wahrscheinlich nur einen Bruchteil Ihres Gewinns.

- Was ist mir das wert?

Dafür investiere ich: ______________________________

Es gibt nur 2 Gründe, nicht regelmäßig zu trainieren: Kein Geld und keine Zeit. **Und viele gute Gründe für Trainings und Coachings:**

- neues Verhalten durch instrumentelle Konditionierung,
- bessere kommunikative Fähigkeiten,
- wirkungsvollere Präsentationen,
- Lösungen statt Produkte,
- Sog statt Druck,
- effizientere Gesprächsführung,
- systematisch neue Kunden gewinnen,
- höhere Termin – und Verkaufsquoten,
- Aufträge statt Angbote und ungleich wichtiger
- Spaß bei der Akquise und beim Verkaufen!

Die richtigen Dinge zur richtigen Zeit richtig tun!

Das große Ziel des Lebens ist nicht Wissen, sondern Handeln!
(Aldous Leonard Huxley, britischer Schriftsteller,* 26. Juli 1894 † 22. November 1963)

Planen Sie Ihre Vorhaben gut, setzen Sie konsequent Prioritäten und handeln Sie entsprechend nach der bewährten 72 – Stunden – Regel.
Diese Regel gilt für jedes Vorhaben in allen Bereichen des Lebens und lässt sich genauso für Ihre privaten Ziele wie für Ihre beruflichen Ziele anwenden, die Sie unbedingt tatsächlich verwirklichen möchten.
Sie besagt, dass mit der Umsetzung der Vorhaben innerhalb von 72 Stunden begonnen werden muss. Dann besteht eine über 90%ige Erfolgsaussicht.
Danach sinken die Chancen auf unter 1%, dass die Vorhaben noch erfolgreich durchgeführt werden!

Die ABC – Analyse zur Prioritätensetzung

Das Eisenhower – Prinzip

Dwight Eisenhower (US – amerikanischer General und Politiker, 14. Oktober 1890 bis 28. März 1969) unterteilte alle seine Aufgaben nach einem einfachen Raster, indem er die Wichtigkeit und die Dringlichkeit zusammen beurteilte.

- **A – Aufgaben:** sind sowohl dringend als auch wichtig für Ihre Zielerreichung. Beginnen Sie sofort damit und erledigen diese Aufgaben schnellstmöglich. **Hierauf kommt es wirklich an!**
- **B – Aufgaben:** sind von hoher Wichtigkeit. Jedoch ist die Erledigung nicht dringend erforderlich. Sie sind an keine bestimmte Frist gebunden, müssen nur geplant, terminiert bzw. kontrolliert delegiert werden.
- **C – Aufgaben:** haben keine hohe Wichtigkeit und sind trotzdem dringend. Sie sollten delegiert bzw. nachrangig erledigt werden.
- **Ablage oder Papierkorb:** Nehmen Sie Abstand von Aufgaben, die von geringer Dringlichkeit und auch von geringer Wichtigkeit sind. Die Erledigung dieser Aufgaben bringt Sie Ihrem Ziel nicht näher und hat daher den geringsten Wert.

Unterscheiden Sie deshalb Ihre Aufgaben jeweils in diese Kategorien:

- wichtig oder unwichtig und
- eilig oder nicht eilig.

Vorteile der Prioritätensetzung:

- Dringende Arbeiten sind geplant und werden termingerecht erledigt.
- Arbeitsabläufe und Ergebnisse werden aktiv gesteuert.
- Dringlichkeiten einzelner Aufgaben sind geprüft.
- Doppelarbeiten werden vermieden.
- Alternativen stehen fest.
- Sie bleiben auf Ihr Ziel fokussiert.

Definieren Sie Ihre ABC – Aufgaben!

- Mit der Erledigung dieser A – Aufgaben erreiche ich mein Ziel:

  ____

  ____

  ____

  ____

  ____

  ____

- Diese A – Aufgaben haben für mich den größten Nutzen:

  ____

  ____

  ____

  ____

  ____

  ____

- Die Erledigung dieser B – Aufgaben ist wichtig, dennoch nicht eilig:

____

____

____

____

____

____

- Diese C – Aufgaben sind unwichtig, trotzdem dringend:

____

____

____

____

____

____

Werfen Sie alle Aufgaben, die für Sie weder wichtig noch eilig sind und Sie Ihrem Ziel auch kein Stück näher bringen, in den Papierkorb!

Ich wünsche Ihnen jetzt viel Erfolg beim Anwenden Ihrer gewonnenen Erkenntnisse und beim Vermehren Ihrer Verkaufserfolge.

Gert Höhne
Mein Training wirkt!
Tel.: +493038107600
Mobil: +4915771338604
www.meintrainingwirkt.de
info@meintrainingwirkt.de

Mit dem Wissen von heute werde ich das in Zukunft…

… gar nicht mehr machen:

… weniger machen:

Mit dem Wissen von heute werde ich das in Zukunft…

… besser machen:

… mehr machen:

Quellen – und Literaturtipps

Anthony Robbins: Grenzenlose Energie. Das Powerprinzip.
8. Auflage im Heyne Verlag, München 1995.

Friedemann Schulz von Thun: Miteinander reden Band 1 – 3. Kommunikationspsychologie für alle – das Standardwerk.
Rowohlt Taschenbuchverlag, Reinbek bei Hamburg 1981.

J. Oliver Crom & Michael Crom: Der Verkäufer in Dir! Das Dale Carnegie Verkaufstraining. Fischer Taschenbuchverlag, Frankfurt am Main 2005.

Jaques Werth, Nicola Ruben und Michael Franz: High Prohability Selling. Verkaufen mit hoher Wahrscheinlichkeit. So denken und handeln Spitzenverkäufer. BusinessVillage GmbH, Göttingen 2009.

Oliver Alexander Kellner: SIMSALA WIN! Mit Zauberei verkaufen, begeistern und gewinnen. Wirtschaftsverlag Carl Ueberreuter, Frankfurt/Wien 2003.

Roman Braun: Die Macht der Rhetorik. Besser reden – mehr erreichen.
Piper Verlag GmbH, München 2008.

Richard Bandler & John La Valle: Die Schatzkammer des Erfolgs. Nutze deine natürliche Fähigkeit zu überzeugen. Ein Trainingskurs für Verkäufer & Manager.
Junfermann Verlag GmbH, Paderborn 1998.

Stehen R. Covey: Die sieben Wege zur Effektivität.
Ein Konzept zur Meisterung Ihres beruflichen und privaten Lebens.
7. Auflage, Heyne Verlag, Frankfurt am Main 2000.

Wolf Schneider: Wörter machen Leute. Magie und Macht der Sprache.
Piper Verlag GmbH, München 2009.

Autorenfoto: Karl – Heinz Spremberg, Berlin 2014.

Fotos: Fotolia

Printed by Books on Demand GmbH, Norderstedt / Germany